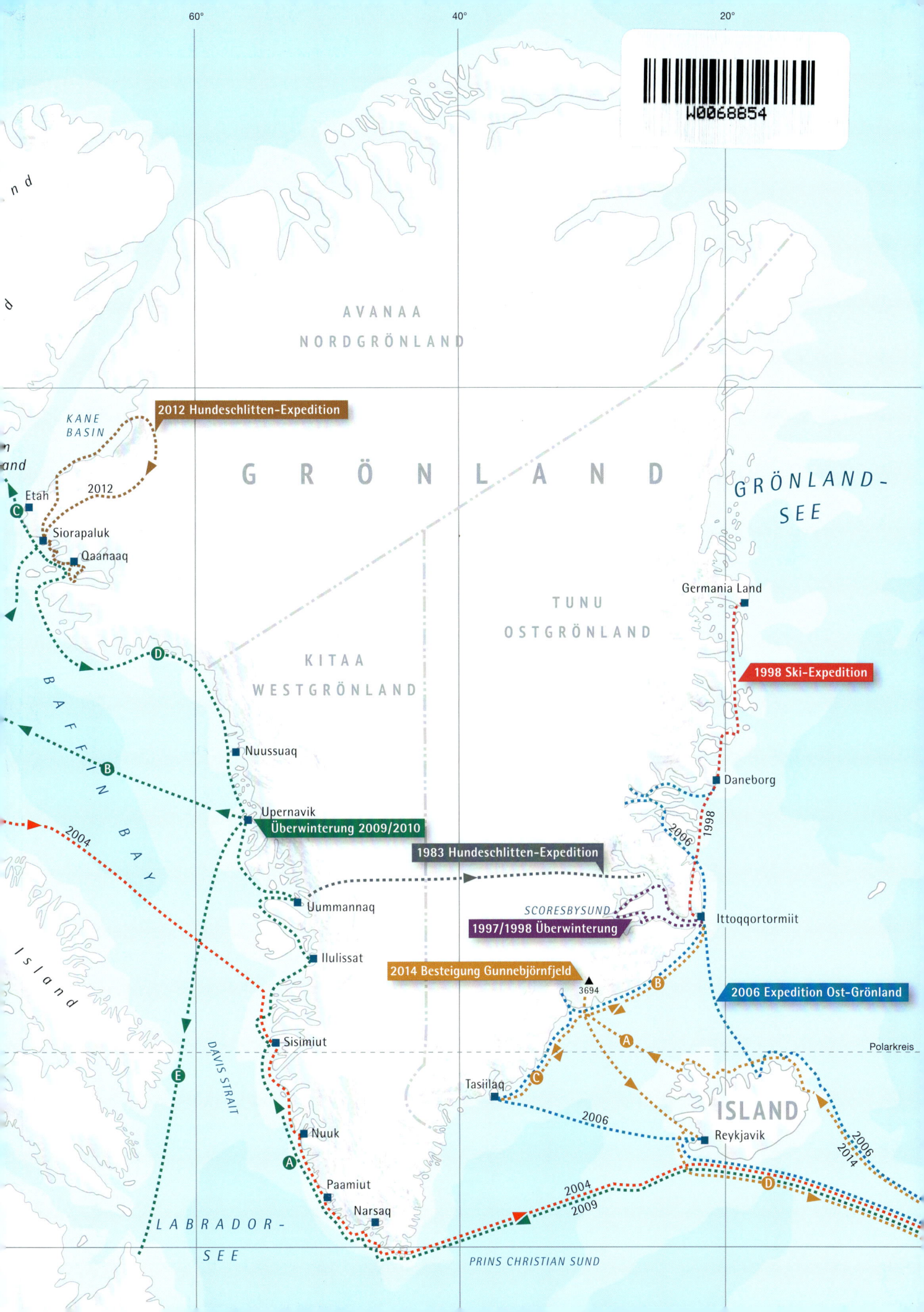

60°   40°   20°

AVANAA
NORDGRÖNLAND

KANE
BASIN

2012 Hundeschlitten-Expedition

GRÖNLAND

GRÖNLAND-
SEE

Etah

2012

C

Siorapaluk

Qaanaaq

Germania Land

TUNU
OSTGRÖNLAND

D

1998 Ski-Expedition

B
A
F
F
I
N

B
A
Y

Nuussuaq

KITAA
WESTGRÖNLAND

Daneborg

2006   1998

B

Upernavik

Überwinterung 2009/2010

2004

1983 Hundeschlitten-Expedition

Uummannaq

SCORESBYSUND

Ittoqqortormiit

1997/1998 Überwinterung

Island

Ilulissat

2014 Besteigung Gunnebjörnfjeld

3694

B

2006 Expedition Ost-Grönland

DAVIS STRAIT

Sisimiut

A

Polarkreis

E

Tasiilaq

C

ISLAND

2006

Nuuk

Reykjavik

A

2006

Paamiut

2014

Narsaq

D

2004

2009

LABRADOR-
SEE

PRINS CHRISTIAN SUND

ARVED FUCHS
GRÖNLAND

Meine Abenteuer in
Eis und Schnee

DELIUS KLASING VERLAG

Die Dimensionen eines grönländischen Eisberges lassen sich erst durch einen Größenvergleich ermessen – hier fährt die »Dagmar Aaen« hinter einem Eisberg entlang, dessen Türme durch eine schmale Eisbrücke miteinander verbunden sind. »Gänsehautfeeling« – niemand kann voraussagen, wann dieser Berg aus Eis kentern und zerbrechen wird.

Folgende Veröffentlichungen/Bücher von Arved Fuchs sind im Delius Klasing Verlag lieferbar:
South Nahanni
Der Weg in die weiße Welt
Im Schatten des Pols
Grenzen sprengen
Kein Weg ist zu weit
Polarlicht in den Segeln

Verlag und Autor haben sich aufrichtig bemüht, sämtliche Rechteinhaber der historischen Bilder ausfindig zu machen. Die Copyright-Angaben wurden nach bestem Gewissen erstellt. Eventuelle Ansprüche, die bisher nicht berücksichtigt wurden, sind bitte an den Verlag zu richten.

Bibliografische Information der Deutschen Nationalbibliothek
Die Deutsche Nationalbibliothek verzeichnet diese Publikation
in der Deutschen Nationalbibliografie; detaillierte bibliografische
Daten sind im Internet über http://dnb.dnb.de abrufbar.

1. Auflage
ISBN 978-3-667-10282-9
© Delius Klasing & Co. KG, Bielefeld

Lektorat: Birgit Radebold
Karten: INCH 3, Bielefeld (Vor- und Nachsatz) sowie Arne Steenbock (S. 24, 33, 44)
Fotos: Arved Fuchs Expeditionen mit Ausnahme von: S. 16 (Reproduktion nach einem Aquarell von John Saccheus/Archiv Arved Fuchs), S. 48 (Martin Varga), S. 68, 76 o.l. + o.r., 93 o.r. (Archiv Arved Fuchs), S. 70 (Reproduktion einer Farbzeichnung von John Growland/Archiv Arved Fuchs), S. 72 (Foto von Captain William Gray, 1894/Archiv Arved Fuchs), S. 80, 121, 128 u., 129 o./u., 131, 134 l./r., 135, 144 (Torsten Heller), S. 88, 92, 93 o.l. + u. (AWI/AdP), S. 112, 113, 114, 115, 143 (Harald Schmitt), S. 124, 127 o. (Tim B. Frank), S. 141 u. (Arne Steenbock)
Schutzumschlaggestaltung: Buchholz.Graphiker, Hamburg
Layout: Gabriele Engel und Petra Wittler
Lithografie: scanlitho.teams, Bielefeld
Druck: Kunst- und Werbedruck, Bad Oeynhausen
Printed in Germany 2015

Delius Klasing Verlag, Siekerwall 21, D - 33602 Bielefeld
Tel.: 0521/559-0, Fax: 0521/559-115
E-Mail: info@delius-klasing.de · www.delius-klasing.de

Inhalt

Die Einfahrt zum Öfjord im inneren
Teil des Scoresbysunds zählt zu den
spektakulärsten Landschaften dieses
weltgrößten Fjordsystems. Das Fels-
massiv des Grundtvigskirken bildet mit
knapp 2000 Metern Höhe eine weithin
sichtbare Landmarke.

Eine Landschaft, die einen Demut
lehrt. Aus dem komfortablen Sitz einer
Passagiermaschine eröffnet sich beim
Landeanflug auf Grönland der Blick über
ein bizarres Bergpanorama.

Grönland 1979

Kangerlussuaq
67°00'N; 050°41'W

In den Siebzigerjahren war Grönland noch weit davon entfernt, ein touristisches Ziel zu sein. Grönland, das war für die meisten Menschen ein Synonym für den Nordpol. Außer Schnee und Eis und ein paar »Eskimos«, die in Iglus wohnten und mit Hundeschlitten fuhren, gab es dort – so die weitläufige Meinung – nichts. Dieses Klischee stimmte zu keiner Zeit. Allein die Dimensionen dieser Insel: Der Norden liegt nur etwa 700 Kilometer unterhalb des Nordpols, die Südspitze etwa auf Höhe der norwegischen Stadt Oslo. Dazwischen beträgt die Nord-Süd-Ausrichtung 3000 Kilometer: Eis, Gebirge, Fjorde und Täler. Das Klima im Süden ist entsprechend der geografischen Lage völlig anders als das im hohen Norden. Während das Innere der Insel von einem gigantischen Eispanzer bedeckt ist, gibt es an den Küsten unterschiedliche Vegetationszonen. Die meisten Grönländer leben an der Westküste im unteren Drittel der Insel. Insgesamt betrug die Bevölkerung damals etwa 45 000 Einwohner, heute sind es 53 000. Der milde Golfstrom sorgt selbst im Winter für weitgehend eisfreies Wasser und damit insgesamt für ein milderes Klima. In den geschützten Tälern Südwestgrönlands wachsen kleine Bäume und im Sommer sprießen die Blumen

> Außer Schnee und Eis und ein paar »Eskimos«, die in Iglus wohnten und mit Hundeschlitten fuhren, gab es dort – so die weitläufige Meinung – nichts.

auf grünen Wiesen. Die Siedlung Ilulissat – damals Jacobshavn genannt – war einer der ersten Orte, in denen es zaghafte Versuche gab, Touristen anzulocken. Von denen waren die meisten Backpacker, die Ausflüge zum Gletscher unternahmen, wandern und zelten wollten. Sie waren überwiegend mit der nötigen Robustheit ausgestattet, um notfalls auch eine Schlechtwetterperiode unbeschadet zu überstehen.

Grönland, das war in den Siebzigerjahren etwas für absolute Insider, für Freaks und Abenteurer, die das Außergewöhnliche suchten.

Es war genau das, was mich als junger Mann ansprach.

Ich wollte damals zum Nordpol. Eigentlich. Schnell musste ich aber erkennen, dass sich der Nordpol nicht mal eben im Vorbeigehen erobern lässt. Erfahrungen, die ich auf früheren Expeditionen oder in Tiefkühlräumen von Großschlachtereien gesammelt hatte, halfen da nur wenig. Wenn die Kälte im Tiefkühlraum unerträglich wurde, brauchte ich nur durch die Gefrierhaustür ins Warme zu gehen und mich in der Cafeteria mit warmen Getränken zu versorgen. Diese Option würde am Nordpol kaum bestehen. Trotzdem wollte ich es wissen: Wie ist das Leben in der Kälte? Wie gehen die Menschen vor Ort damit um? Was machte eigentlich die Faszination dieser Landschaft aus, von der ich in unzähligen Büchern immer wieder gelesen hatte? Um Antworten zu finden, reiste ich im

Um Antworten zu finden, reiste ich im Herbst 1979 allein an die grönländische Westküste.

▲ Um für die arktische Kälte fit zu werden, absolvierte ich täglich ein intensives Training, zu dem auch winterliche Bäder sowie Übernachtungen in Tiefkühlhäusern von Großschlachtereien gehörten. Die Temperatur im »Schockgefrierraum« betrug –37 °C. Ein in jeder Hinsicht ungemütlicher, aber immerhin zweckdienlicher Ort, um Erfahrung mit der Ausrüstung zu sammeln.

Herbst 1979 allein an die grönländische Westküste. Die einzige Verbindung von Europa bestand damals in einem Flug mit der SAS von Kopenhagen nach Söndre Strömfjord (heute Kangerlussuaq) – damals eine aktive amerikanische Militärbasis, die auch von zivilen Flugzeugen genutzt werden durfte. Außer der Militärbasis und einem Flughafengebäude mit angeschlossenem Hotel gab es nur vereinzelte Wohnblocks, in denen Flughafenangestellte arbeiteten. Eine Enklave in der grönländischen Wildnis. Ansonsten keinerlei Infrastruktur. Aber mich zog es ja raus in die Natur – deshalb war ich gekommen. Alles, was ich dazu brauchte, hatte ich in meinem Rucksack. Ich trat aus dem Ankunftsterminal – und war mitten drin in Grönland. Das Inlandeis lag etwa 20 Kilometer entfernt im Osten. Ein Feldweg führte dorthin, verirren konnte ich mich kaum. Es stellte auch keiner Fragen, wohin ich wollte oder was ich vorhatte. Ich ging einfach los, den schweren Rucksack auf den Schultern, vollgepackt mit Tütensuppen, Zelt, Schlafsack und Kocher. Den Flugplatz ließ ich hinter mir, staunte über die glasklare Luft, die Berge und Täler, die nahezu trockenliegenden Flussläufe, deren Anblick erahnen ließ, dass sich hier zur Schneeschmelze gewaltige Wassermengen ihren Weg suchen mussten. Die Sonne schien, es war fast windstill, alles wirkte friedlich. Die Stille und die Einsamkeit waren fast physisch spürbar, belasteten mich aber nicht. Ganz im Gegenteil. Es war eine der friedlichsten Gegenden, die ich je gesehen hatte. Keine Furcht vor dem Unbekannten, keine Gefahren, einfach nur unberührte Wildnis. Ich war angekommen! Endlich der erste freie Blick auf das Inlandeis, die gewaltigen Eisabbrüche, das Krachen der in sich zusammenstürzenden Eisstürme. Die Kälte, die von dem Eispanzer ausging, durch mein verschwitztes Hemd drang und mir unter die Haut kroch. Dazu die niedrig stehende Sonne und einige vereinzelte Moskitos, denen die kalten Nächte noch nicht den Garaus gemacht hatten. Es war für mich ein kolossal prägendes Naturerlebnis – verstärkt vielleicht durch den Umstand, dass ich ganz allein war und die Eindrücke mit niemandem teilen konnte.

Ich baute mein Zelt an einem kleinen See auf und dachte nach. Ich hatte für diese Reise keine genauen Zielsetzungen. Mir ging es ausschließlich darum, Erfahrungen zu sammeln, zu lernen und die Natur auf mich wirken zu lassen. Es war eine sehr entspannte und inspirierende Annäherung an eine für mich völlig neue Welt.

Meinem ersten Grönlandbesuch vorangegangen waren Expeditionen nach Kanada und Borneo. Dies war meine erste Reise in die Arktis. Sie trug durchaus meditative Züge. Tagelang wanderte ich bei klarem, herbstlichem Wetter entlang des Inlandeises, stieg an einer Stelle ein Stück auf und spürte den Reiz des Abenteuers und der Weite. Dort wollte ich hin – irgendwann – nicht auf dieser Reise. Aber der Verlockung war kaum zu widerstehen. Ich reiste mit dem Helikopter, dem damals einzigen öffentlichen Verkehrsmittel, nach Holsteinsborg – dem heutigen Sisimiut – und weiter nach Ilulissat. Hatte ich bis dahin primär die grönländische Natur erfahren, fanden hier die ersten Begegnungen mit Grönländern statt. Ich hielt mich am Hafen auf, suchte den Kontakt zu den Jägern und Fischern und fuhr mit ihnen raus, wenn sie ihre Holzkutter gekonnt um die Eisberge herumzirkelten. Die Eisberge kamen und kommen auch heute noch in einer endlosen Prozession vom Sermaq Kujalleq, einem der aktivsten Gletscher der Welt. Zuvor hatte ich nur Alpengletscher gesehen. Dieser hier war gigantisch, atemberaubend schön und zugleich Furcht einflößend. Es lag eine Urgewalt in dieser Szenerie, die mir den Atem stocken ließ. Zwischen den Eisschollen lugten immer wieder neugierige Robben hervor – eine Neugierde, die einigen der Tiere zum Verhängnis wurde. Ein gezielter Schuss eines Grönländers, und das getroffene Tier schwamm in einer sich stetig verbreiternden Blutlache. Der Kutter fuhr zu dem getroffenen Tier, dann wurde die tote Robbe vor dem Versinken mit einem langen Haken an Deck gehievt. Einer der Grönländer zückte sein Messer und brach das Tier auf. Nachdem er die Robbe ausgeweidet hatte, nahm er die noch warme Leber, schnitt ein Stück davon ab und reichte es mir auf der Messerspitze aufgespießt zu. Ich weiß bis heute nicht, ob es ein Test war, um mich, den Europäer, zu provozieren oder ein ernsthaft gemeintes Geschenk. Die Leber des Tieres ist sehr vitaminhaltig und wird daher besonders geschätzt.

▲ Meine erste Begegnung mit dem grönländischen Inlandeis im Jahre 1979. Nach einer Tageswanderung vom Flugplatz Kangerlussuaq – damals noch Söndre Strömfjord genannt – stand ich unmittelbar an der Abbruchkante.

▲ Auf dem Markt verkaufen
die Grönländer Fisch und
Robbenfleisch.

▶ Die Jagd gehört traditionell zum
Leben dieser Menschen. Fast jeder
Grönländer geht in seiner Freizeit
jagen oder fischen. Die tödlich
getroffene Robbe wird mit einem
Fanghaken gesichert, um sie vom
Versinken abzuhalten.

Sie abzuweisen hätte man leicht als eine unfreundliche Geste werten können. In meinem Fall hätte man das wohl mit einem Lachen quittiert. Ein Kablunak – ein Weißer eben. Aber ich habe mich bedankt, das Stück Leber ohne mit der Wimper zu zucken genommen, in den Mund gestopft und sorgfältig gekaut. Ich hatte vorher schon rohes Fleisch gegessen, ich ekele mich nicht davor. Aber von einem wenige Minuten zuvor erlegten Tier hatte ich so unmittelbar noch nicht gekostet. Die Grönländer schmunzelten, aßen selbst ein Stück und machten sich dann wieder an die Arbeit. Diese Situation – an sich nichts Besonderes – brachte mich den Menschen auf eine eigentümliche Art näher. Es war, als ob ich einen Hauch der alten, archaischen Jägerkultur verspürte. Die in der Kultur verankerte Gastfreundschaft und das Prinzip des Teilens, wie ich es auf späteren Reisen so oft erlebt habe, waren plötzlich

> Es war, als ob ich einen Hauch der alten, archaischen Jägerkultur verspürte.

gegenwärtig. Ich verbrachte noch einige Zeit mit den Jägern, bevor ich dann tagelang Eindrücke sammelnd, entlang des Eisfjordes wanderte. Spektakulär waren die Landschaft, die Eindrücke – keineswegs meine Aktivitäten.

Als ich in den Flieger nach Kopenhagen stieg, hatte ich mir einen heftigen Infekt zugezogen: Ich war infiziert vom Arktisbazillus. Dieser Aufenthalt in Grönland hat damals mein Leben verändert. Mit einem Mal sah ich deutlich, was ich anfangen wollte. Und Grönland würde darin ganz sicher eine gewichtige Rolle spielen.

Die Idee, zum Nordpol zu laufen, habe ich neben anderen Zielen später weiterverfolgt. Es sollte aber bis zum Jahre 1989 dauern, bis mir dieses im Rahmen der »Icewalk«-Expedition schließlich gelang. Es mag berechtigte Zweifel an der Sinnhaftigkeit einer Nordpolexpedition geben. Rückblickend muss ich sagen, so sehr mich diese Aufgabe gereizt und herausgefordert hat, so sehr bedaure ich auf der anderen Seite, nicht noch mehr Zeit auf Grönland verbracht zu haben. Der Nordpol hat viel Zeit und Energie gefordert, die ich in den Achtzigerjahren weniger spektakulär auf Grönland hätte einsetzen können.

Irgendwie möchte ich beides nicht missen, aber die Sehnsucht nach Grönland ist ungebrochen und ungleich größer als sie jemals nach dem Nordpol war. Der Nordpol ist die Entdeckung des Nutzlosen. Grönland ist eine kulturelle und landschaftliche Offenbarung. Daher werde ich auch weiterhin nach Grönland fahren – sicherlich aber nicht noch einmal zum Nordpol.

▲ Die Kirche von Sisimiut im Frühsommer. Man erahnt, warum Grönland von den Wikingern als »grünes Land« betrachtet wurde. Sismiut ist nach der Hauptstadt Nuuk die zweitgrößte Stadt Grönlands und liegt etwa auf Höhe des Polarkreises.

Kaalaliit Nunat
Das Land der Menschen

D ie Geschichte Grönlands beginnt für mich im äußersten Nordwesten der Insel. Dort, wo die Besiedelungsgeschichte Grönlands ihren Ursprung hat. Avernarssuaq nennen die Grönländer diesen Teil. Übersetzt bedeutet das etwa: »Der entlegenste Teil im äußersten Norden«. Diese etwas sperrige Formulierung macht deutlich, dass es sich selbst für grönländische Verhältnisse um eine abgelegene und einsame Region handelt. Dennoch bildet diese karge Landschaft im hohen Norden die Keimzelle der Besiedelung Grönlands. Hier ist es gewesen, wo vor rund 4000 Jahren die Paläoeskimos den zugefrorenen Smith Sound überquerten, der die kanadische Ellesmere Island von Grönland trennt.

Zu dieser Zeit betrug die Weltbevölkerung geschätzte 27 Millionen Menschen. Allein die Metropolregion Jakarta in Indonesien weist heute eine Bevölkerungsdichte von 30 Millionen Menschen auf. Es war damals wahrlich eine andere Zeit: In Europa herrschte die Bronzezeit, und in Ägypten residierten die Pharaonen – und rund 1000 Kilometer südlich des Nordpols betrat eine Handvoll sturm- und eiserprobter Menschen erstmals die größte Insel der Welt.

Die Wanderung der zur Dorset-Kultur gehörenden Paläoeskimos hatte vor langer Zeit in Asien begonnen. Sie waren über die Beringstraße nach Alaska gekommen und von dort immer weiter Richtung Osten gezogen. Bis der Smith Sound ihren Vormarsch stoppte. Dort blieben sie und siedelten entlang der Küste, überwiegend im Alexandra-Fjord von Ellesmere Island.

1977 entdeckte der amerikanische Archäologe Peter Schledermann am Alexandra-Fjord rund 150 prähistorische Fundorte, die bis 4000 Jahre zurück datieren. Von dort aus war 2500 Jahre v. Chr. eine kleine Gruppe von Polareskimos über den zugefrorenen Sund gewandert und hatte damit erstmals grönländischen Boden betreten. Diese Independence-I-Kultur genannten Menschen breiteten sich vor allem an der Nordküste Grönlands aus und erreichten auf ihrer Wanderung auch die Ostküste. Die kleine Schar Einwanderer trotzte aufgrund ihrer genialen Anpassungsfähigkeit an das hocharktische Klima allen Widrigkeiten: monatelange Dunkelheit während der polaren Nacht, Temperaturen von −40 bis

◄ Der Grönländer John Saccheus begleitete John Ross auf seiner Expedition nach Nordwestgrönland, in deren Verlauf es zu der ersten, denkwürdigen Begegnung mit den Polareskimos kam. Saccheus war ein begabter Zeichner und hielt die Begegnung in diesem Bild fest, das später von John Ross als Lithografie im Jahre 1819 in seinem Buch »A Voyage of Discovery« veröffentlicht wurde.

Kein anderes Volk auf der Erde hat so extremen klimatischen Verhältnissen trotzen müssen wie die Polareskimos.

−60 °C, furchtbare Orkane und Hungersnöte. Kein anderes Volk auf der Erde hat so extremen klimatischen Verhältnissen trotzen müssen wie die Polareskimos. Trotzdem überlebten sie.

Es folgten weitere Einwanderungswellen. Die Neuankömmlinge zogen entlang der Westküste, einige von ihnen rundeten das im Süden liegende Kap Farvel, wanderten weiter nach Norden an der Ostküste entlang bis zum Scoresbysund. Etwa zu Beginn des 17. Jahrhunderts wanderten die letzten der am Alexandra-Fjord verbliebenen Polareskimos nach Grönland zu ihren Ur-ahnen. Zu dieser Zeit begann die »Kleine Eiszeit«, die die ohnehin extremen Lebensbedingungen für die Menschen nahezu unerträglich machte. Das Leben war durch die einsetzende Abkühlung kaum zu bewältigen. Jede Aktivität, jeder Handgriff und jeder Gedanke beschränkte sich auf das Überleben. Die Natur trotzte den Menschen jegliche Energie ab. Das, was an Kunst- und Jagdfertigkeiten zuvor bestanden hatte, geriet in Vergessenheit. Für Kunst oder kulturelle Wertschöpfungen blieb kein Raum. Man konzentrierte sich ausschließlich aufs Überleben.

Als im August des Jahres 1818 der britische Forschungsreisende John Ross erstmals Kontakt mit den überlebenden Polareskimos aufnahm, gab es im Nordwesten Grönlands nur noch etwa 30 Familien. Durch strikte und für Außenstehende grausam erscheinende Regeln hatten sie den Überlebenskampf gewonnen. Aber zu welchem Preis. Es war gängige Praxis, dass die Alten auf dem Eis ausgesetzt wurden, wenn sie nicht mehr selbst für ihren Lebensunterhalt sorgen konnten. Mädchen bis zum zweiten Lebensjahr wurden bei Nahrungsmangel getötet. Viele der früher bekannten Jagdfertigkeiten wie der Gebrauch von Kajak sowie Pfeil und Bogen waren in Vergessenheit geraten. Die extremen Naturverhältnisse erforderten andere Jagdtechniken als jene, die die Eskimos bis zum 16. Jahrhundert entwickelt hatten. Wegen der geschlossenen Eisdecke war die Jagd auf Großwale unmöglich geworden und die dazu erforderlichen Techniken in Vergessenheit geraten. Robben und Narwale wurden dort, wo sich offenes Wasser zeigte, lediglich von der Eiskante aus gejagt. Rund zweieinhalb Jahrhunderte hatte die Eiszeit gedauert. Das brutale Klima hatte quasi die Festplatte der Menschen gelöscht und sie in eine Art Urzustand zurückversetzt. Die Errungenschaften, die sie bis zur Kleinen Eiszeit entwickelt hatten, waren verloren gegangen. Die Menschen hatten nur dadurch überleben können, dass sie sich auf das

▲ Dicht gedrängt liegen Walrosse auf einer Eisscholle im Smith Sound und schauen neugierig zu uns hinüber. Während sie in der Sonne liegen und ruhen, treiben sie neuen Futtergründen entgegen.

▶▲ Auf unserer Expedition 2009 queren wir mit der »Dagmar Aaen« (rote Linie) den Smith Sound, der Grönland von Kanada trennt. Unser Kurs wird dabei von den dichten Treibeisfeldern bestimmt. Handschriftlich haben wir die Routen historischer Expeditionen eingetragen. Über diese Meerenge wanderten einst die Paläoeskimos nach Grönland ein.

▶ Die »Dagmar Aaen« im Smith Sound.

Digarmulen Pt
Skraeling I
Alexandra Fiord
C Rutherford
Pim Island
C Sabine
JOHAN
ENINSULA
C Herschel
Wade Pt
Alfred Newton Glacier
MacMillan Glacier
Rutherford Bay
Rosse Bay
K Ingersoll
K Grinnel
K Inglefield
K Hatherton
Littleton
Aug 20
July 29
Aug 19
Aug 21
Proteus sinks 1883
Garfield salvages 500 rations to C. Sabine
Sverdrup's 'meat heap'
RCMP Sydney 1929
Fram Haven Aug 22, 1898
Camp Clay - brass plaque - MacMillan 1924 25'x18' 2' thick 3' high floor filled with sand
Autumn 1882 Beebe left 250 rations + whaleboat
Kane
Hall passes by 1871 Aug 27
on south side 'Kane Basin RCMP detachment'
Payer Harbour (Nares Cache)
Nares July 30, 1875 (cairn on summit)
Wordie 1937 goes through
July 30, 1875 Island side free of ice Sabine full of ice miles apart
Greely's Eskimo Point
Stalnert Is. bottle in cairn - notes
Nares cache 240 rations
Stephenson 1875
Beebe 1882
Garlington 1883
Harlow 1884
Greely's ... builds 13 stone walls
1983 brass plaque Hendersberg Academy P.A.
just below Alfred Newton Glacier 500yds south
8'x8'
Beebe 1882 left 250 rations
Hebony Island (thousands) June 22, 1884 record

◀ Die Küste des kanadischen Ellesmere Islands. Von hier zogen die Paläoeskimos Richtung Osten nach Grönland.

◀◀ Die erste Begegnung zwischen Weißen und den Polareskimos fand am 10. August 1818 statt. Der britische Forschungsreisende John Ross porträtierte den ersten Grönländer, dem er begegnete.

◀◀◀ Auch heute spielt das Kajak eine wichtige Rolle. Dieser Junge hat auf seinem Kajak eine Schwimmblase aus Robbenhaut befestigt. Wird eine Robbe geschossen oder harpuniert, sinkt sie leicht ab und geht verloren. Um dem vorzubeugen, wird diese Schwimmblase mit einer Leine am Tier befestigt, sodass man es bergen kann. Ein verletztes Tier kann zudem gegen den Widerstand der Schwimmblase nicht abtauchen und ermüdet sehr schnell. Dann ist der Jäger zur Stelle.

Wichtigste konzentriert hatten. So erinnerten sie sich auch nicht mehr an ihre Herkunft. Ihre Nahrung bestand überwiegend aus Kiviaq, kleinen Alkenvögeln, die in den Klippen gefangen und im Sommer roh verzehrt wurden. Für den Winter lagerte man die kleinen Kadaver in Robbenhäuten und verstaute sie unter Steinen, um sie später in einer Art verrottetem Zustand zu essen. Diejenigen, die diese Zeit überlebt hatten, mussten die Kunst des Jagens und das Herstellen von Geräten erst wieder neu erlernen.

Sie nannten sich Inughuit und glaubten, die einzigen Menschen auf der Welt zu sein – bis zu jenem denkwürdigen Treffen mit John Ross. Als Ross mit den beiden Schiffen »Isabella« und »Alexander« in der Nähe des heutigen Savissivik unweit Kap Yorks auf einige Polareskimos traf, waren diese zunächst voller Angst. Ross hatte einen Südgrönländer namens Saccheus an Bord, der zu dolmetschen versuchte und bemüht war, die Angst abzubauen. Das gelang nur sehr langsam. Die Polareskimos glaubten wegen der Segel, die im Wind flatterten, dass die Schiffe Vögel seien und dass sie von der Sonne oder dem Mond kämen. Glas hielten sie für Eis, das ihnen angebotene Essen spuckten sie angewidert wieder aus. Erst langsam gelang

> Die Polareskimos glaubten wegen der Segel, die im Wind flatterten, dass die Schiffe Vögel seien, und dass sie von der Sonne oder dem Mond kämen.

es Saccheus, das Vertrauen dieser Menschen zu gewinnen und sie zu einem Besuch an Bord zu bewegen. Saccheus, der zugleich auch ein begnadeter Maler war, dokumentierte dieses denkwürdige Zusammentreffen. Ross tauschte Gegenstände der Polareskimos ein, darunter einen Qamutit, einen Hundeschlitten, der komplett aus Knochen gefertigt war und sich heute im British Museum, London, befindet. Ein weiterer befindet sich im Ethnologischen Museum in Berlin-Dahlem.

Diese erste Begegnung mit Europäern verlief in einer insgesamt freundschaftlichen Atmosphäre. Dennoch muss das Treffen für die Polareskimos eine Art Zeitenwende eingeleitet haben. Zu diesem Zeitpunkt – vor rund 200 Jahren – lebten auf der Erde bereits geschätzt eine Milliarde Menschen. Für die Polareskimos, die sich in völliger Isolation befanden, war die Zeit bis dahin stehen geblieben. Man muss die Geschichte dieser Menschen kennen, um die Zusammenhänge zu verstehen.

Sie sind meine Helden – nicht die frühen Entdecker, die ihre Erfolge ohne das Know-how der Inughuit niemals hätten realisieren können.

◀ Damals wie heute notwendig: der stete Kampf mit den Eisschollen.

Die Überreste eines eingefallenen
Hauses der Thule-Kultur auf den
Carey-Inseln.

Carey Islands
76° 42′ N; 072° 33′ W

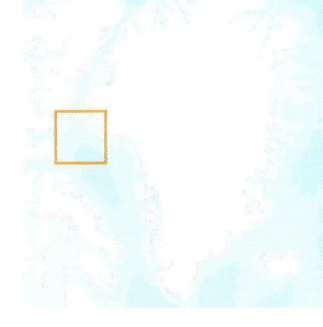

Mich faszinieren Inseln. Sie stellen eine Art autarken Lebensraum dar. Sie brauchen den Rest der Welt nicht. Und sie befinden sich oft jenseits der Wahrnehmung, da sie abseits liegen und häufig schwer zugänglich sind. Einige dieser geheimnisvollen Inseln gibt es zwischen Kanada und Grönland – die Carey Öer. 1993 waren wir mit der »Dagmar Aaen« die grönländische Westküste nach Norden hochgesegelt. Unser Plan sah vor, die große Melville-Bucht im Norden Grönlands küstennah zu umfahren, um dann in einem Bogen die kanadische Küste anzusteuern und weiter in die legendäre Nordwestpassage einzufahren. Dieser Umweg mag aus heutiger Sicht unverständlich sein, aber damals gab es einen zwingenden Grund für diesen Umweg: das sogenannte Middle Pack. Dabei handelte es sich um ein riesiges Eisfeld, das sich auch im Sommer in der Baffin Bay hielt und sich wie ein gewaltiger Mahlstrom im Uhrzeigersinn drehte. Zahlreiche Forschungs- und Walfangschiffe waren diesem Mahlwerk in früheren Zeiten zum Opfer gefallen. Aufgrund der Auswirkungen des Klimawandels gibt es dieses Middle Pack im arktischen Sommer nicht mehr. Das Meer ist wärmer geworden, und damit einhergehend ist das Eis geschmolzen. So, als hätte es niemals existiert. Ein Umstand, der nirgendwo in den mir bekannten Publikationen Erwähnung findet. Nur in den alten Seehandbüchern ist die Rede davon und natürlich in den Berichten der Walfänger, die häufig vom Eis eingeschlossen worden sind und verzweifelt versuchten, ihre Schiffe und ihr Leben zu retten.

> 1993 waren wir mit der »Dagmar Aaen« die grönländische Westküste nach Norden hochgesegelt.

Auch wir hatten damals einen gehörigen Respekt vor dem Eis und hangelten uns vorsichtig zwischen Packeis und der mit Untiefen gespickten Küste entlang nach Norden. Dichter Nebel machte die Orientierung schwierig. Zwischen dem Packeis befanden sich immer wieder riesige Eisberge, die von Meeresströmungen getrieben sogar gegen den Wind Fahrt machten und dabei das sie umgebende Eis wie ein gigantischer Eisbrecher brachen. Gerade so, als würden sie über einen eigenen Antrieb verfügen und sich dabei einen Spaß daraus machen, kleine Segelschiffe zu jagen. Erst im Norden lockerte sich das Eis, sodass wir schließlich vor der kleinen Siedlung Qaanaaq vor Anker gehen konnten. Außer dem jährlichen Versorgungsschiff und vielleicht einigen wenigen Behördenbooten der dänischen Regierung verirrten sich damals nur sehr selten Schiffe dorthin. Segelschiffe oder gar Yachten waren Anfang der Neunzigerjahre die absolute Ausnahme. Entsprechend groß war die Aufmerksamkeit, die unsere Ankunft hervorrief. Grönländer kamen mit Booten längsseits und kletterten an Bord. Bei Tee und Keksen versuchten wir, so gut es ging zu kommunizieren – was meist nur durch Gesten und das Zeigen un-

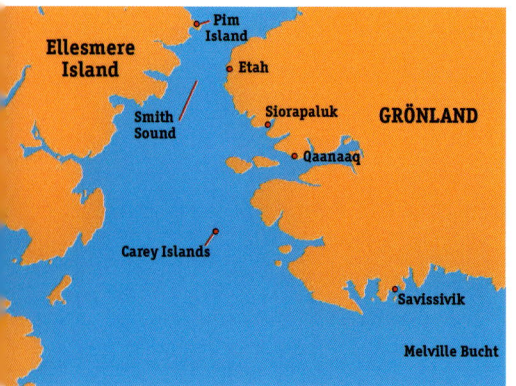

serer Reiseroute auf der Seekarte möglich war. Nachdem die ersten Besucher wieder zurück an Land waren und über das Gesehene berichtet hatten, war der Bann gebrochen. Ganze Bootsladungen von Grönländern kamen zu Besuch – alle freundlich, höflich und zurückhaltend, aber neugierig. Im Zentrum des Interesses stand das Schiff und erst danach wir als Crew. Einladungen an Land wurden ausgesprochen. Brigitte – meine Frau – wurde beim ersten Landgang spontan von zwei kleinen Mädchen an die Hand genommen. Eines der Mädchen kramte ein Stück getrockneten Fisch aus siner Hosentasche und reichte es Brigitte, die diese Gabe von Fusseln befreite und dann mit Todesverachtung in den Mund steckte. Stolz führten die Mädchen Brigitte durch ihr Dorf – so, wie wir unsere Besucher durchs Schiff geführt hatten.

> **Ganze Bootsladungen von Grönländern kamen zu Besuch – alle freundlich, höflich und zurückhaltend, aber neugierig.**

Die Entstehung Qaanaaqs ist ein dunkles Kapitel grönländischer Geschichte. Bis 1953 wohnten die Grönländer in den Siedlungen Pittufik und Uummannaq, knapp 100 Kilometer südlich der heutigen Ortschaft. Während des Kalten Krieges stimmte die dänische Regierung dem Ersuchen der USA zu, genau an dieser Stelle einen großen Luftwaffenstützpunkt zu bauen. Mit einem ungeheuren technischen Aufwand wurde innerhalb kürzester Zeit die Luftwaffenbasis aus dem Boden gestampft. Das Zusammentreffen der amerikanischen Coca-Cola- und Fast-Food-Kultur mit der jahrtausendealten archaischen Jägerkultur muss wie ein Erdbeben gewirkt haben. 1953 wurden die letzten verbliebenen Grönländer zwangsumgesiedelt. Von einem Ort, an dem ihre Vorfahren Tausende Jahre gelebt hatten. Die meisten von ihnen zogen in die bis dahin eher unscheinbare Siedlung Qaanaaq. Sie taten das nicht freiwillig und trauerten ihrer alten und vertrauten Umgebung nach. Man ließ ihnen keine Wahl.
Im Januar 1968 stürzte eine mit vier Wasserstoffbomben beladene B-52 beim Start von der Airbase ab und prallte aufs Eis. Drei der Bomben wurden gefunden, die vierte ist bis heute verschwunden. Bei den Aufräumarbeiten, an denen sowohl Dänen wie auch Grönländer beteiligt waren, wurden die Gefahren einer Verstrahlung heruntergespielt. Erst Mitte

der Neunzigerjahre wurden die Überlebenden entschädigt. Der Bau der Luftwaffenbasis und das Lagern von Kernwaffen samt den daraus resultierenden Konsequenzen ist bis zum heutigen Tag ein Politikum zwischen der dänischen und der grönländischen Regierung. Erst um die Jahrtausendwende wurden die Zwangsumsiedlungsmaßnahmen als ungesetzlich erklärt.

Die heutige Generation der Inughuit ist mit der Basis groß geworden. Einige von ihnen haben Arbeit dort gefunden, Hubschrauber helfen aus, wenn irgendwo Not am Mann ist, der Militärflugplatz wird bei plötzlichen Wetterverschlechterungen auch als Ausweichflugplatz von Zivilmaschinen genutzt. Man hat sich arrangiert. Das alles kann und darf aber nicht darüber hinwegtäuschen, dass durch politisches Taktieren ein Volk um seine berechtigten Ansprüche gebracht wurde.

Ein unvermittelt aufziehender Sturm setzte unserem Aufenthalt ein schnelles Ende. Nur unter Top und Takel liefen wir bei 50 Knoten Wind weiter in den Fjord hinein, um dort Schutz zu suchen. Als sich der Sturm endlich ausgetobt hatte, lag vor Qaanaaq ein dichtes Eisfeld – keine Chance mehr für uns, an die Siedlung heranzukommen. Wir verließen den Inglefield-Fjord und nahmen Kurs auf die kanadische Küste. Dichte Eisfelder versperrten uns den Weg. Langsam, immer auf der Suche nach offenen Wasserrinnen, schlichen wir in südwestliche Richtung. Aus dem Dunst und den Eisfeldern tauchte eine kleine Gruppe von Inseln auf. An eine Anlandung war damals nicht zu denken, nicht einmal an eine Annäherung. Zu gefährlich war die Kombination aus fehlenden Seekarten, Starkwind, Meeresströmungen und Packeis. Ich wusste damals ohnehin nicht viel von den Inseln. In den nautischen Unterlagen gab es nur dürftige Hinweise. Unbewohnt waren die Inseln und kaum vermessen. Bisweilen ist es aber gerade der erste Blickkontakt, der Sehnsüchte weckt. Ich wusste nicht, warum, aber hier wollte ich irgendwann hin und an Land gehen. Es sollte 16 Jahre dauern, bis sich die nächste Gelegenheit bot. Im Sommer 2009 waren wir auf dem Weg zum Smith Sound, um eine Dokumentation über die amerikanische Greely-Expedition anzufertigen, die im Jahr 1884 auf einer kleinen Insel, in unmittelbarer Nähe zu Ellesmere Island, in einer Tragödie endete. 17 der 25 Expeditionsteilnehmer wa-

▲▲ **Das Klima der Carey Islands ist im Vergleich zum nahe gelegenen Festland milder und erlaubt daher eine üppigere Vegetation.**

▲ **Wollgras, das in geschützten Mulden wächst.**

◄▲ **Walrosse fürchten die Grönländer mehr als Eisbären. Die Tiere sind unberechenbar und greifen Boote und Kajaks an, sobald sie sich bedroht fühlen.**

▲ Die Reste des Schiffbruchs der »Ripple« von 1892 auf einer der Carey Islands. Das Schiff wurde in einem Sturm auf die Klippen geworfen. Keiner der schwedischen Mannschaft sollte die Expedition überleben. Die sterblichen Überreste eines der Expeditionsteilnehmer liegen unweit der Stelle, an der das Schiff strandete. Selbst Textilien wie dieser Hut haben die 117 Jahre, die seit dem Schiffbruch vergangen sind, in dem kalten Klima überstanden.

ren verhungert. Die acht Überlebenden hatten sich nur deshalb am Leben halten können, weil sie ihre zuvor verhungerten Kameraden aßen. Die Carey Islands liegen im Südeingang zum Smith Sound – genau auf unserer Route nach Pim Island.

Wer die Carey Islands als Erstes betreten hat, ist nicht genau überliefert. Vermutlich waren es Walfänger, die im frühen 19. Jahrhundert im sogenannten Northwater Schutz vor dem Eis suchten. Das Northwater ist eine Polynia, ein Seegebiet, das durch warme Meeresströmungen auch im Winter nicht gefriert. Dorthin retteten sich früher die Walfänger, wenn sie nicht rechtzeitig vor Einbruch des Winters mit ihren Schiffen nach Süden gelangten. Offiziell Erwähnung finden die Inseln im Jahr 1616. William Baffin und Robert Bylot waren mit der »Discovery« bis zum Smith Sound vorgedrungen, als die Inselgruppe plötzlich vor ihnen auftauchte. Eine Anlandung war nicht möglich – bis zum heutigen Tag sind die Inseln vermutlich einer der am seltensten besuchten Orte der Region. Den Paläoeskimos waren sie natürlich lange vor dem Eintreffen der ersten Europäer bekannt. Das Nahrungsangebot an Walen, Robben und Walrossen muss groß gewesen sein. Das aufsteigende warme Wasser der Polynia ist reich an Nährstoffen, sodass sie als ein Ort der Biodiversität gilt. Aus diesem Grunde zog es auch die großen Meeressäuger dorthin, wo sie dann vergleichsweise leichte Beute für die Polareskimos waren. Einige Walarten, wie die Belugas, überwintern gar im Northwater, bevor sie im Sommer weiterziehen.

Als wir 2009 die Carey Islands ansteuerten, lag dichter Nebel über dem Land. Die Seekarten sind ungenau, zur Sicherheit setzten wir ein Beiboot aus, um zu loten und die »Dagmar Aaen« sicher durch die Untiefen zu lotsen. Vor der Insel Isbjoernö gingen wir schließlich vor Anker. Genau in dem Moment, als das Schiff zur Ruhe kam und langsam um die Ankerkette schwojte, brach die Sonne durch den Nebel und gab die Sicht auf die Inseln frei. Und die waren im Vergleich zum Festland zu unserer großen Überraschung weitgehend grün – trotz der geografischen Breite. Die Vegetation ist für diese Breite ungewöhnlich üppig. Vermutlich hängt das mit einer Art Mikroklima zusammen, das durch das warme Northwater erzeugt wird. An Land entdeckten wir die Überreste von Häusern, die aus der Thule-Kultur stammen. Es ist anzunehmen, dass die Inuit auf ihrer Wanderung von Kanada nach Grönland schon vor Tausenden von Jahren hier Station gemacht bzw. gesiedelt haben. In Ermangelung von Holz haben die Menschen Walknochen und Wirbel als Baumaterial benutzt. Wir kamen uns vor wie in einem Freilichtmuseum. Auch wenn die Dächer der Häuser eingestürzt sind, so wirkte die kleine Siedlung irgendwie so, als sei sie erst vor wenigen Jahrzehnten verlassen worden.

Auf einer anderen Insel der Careys suchten wir nach den Überresten der sogenannten »Björling Expedition«. Alfred Björling war ein junger, enthusiastischer Schwede, der 1892 die ehrgeizige Idee hatte, den Nordpol zu erreichen. Zusammen mit seinem Landsmann Evald Kallstenius plante er die Expedition, die offiziell unter dem Namen »Botanische Expedition nach Nordgrönland« firmierte. In St. Johns kauften sie sich einen alten Schoner namens »Ripple« und heuerten drei weitere Seeleute an. Das Schiff war alt und seemüde, doch für ein stärkeres Schiff fehlten den jungen Schweden die Mittel. Trotzdem fuhren sie am 22. Juni 1892 von St. John aus Richtung Norden. In Godhavn – dem heutigen Qeqertarsuaq auf der Diskoinsel – verproviantierten sie sich soweit es ihre Bordkasse erlaubte. Den Rest an Nahrungsmittel hofften sie in einem Depot auf den Carey Islands zu finden, das der britische Forschungsreisende George Nares im Jahr 1875 dort eingerichtet hatte und das seitdem nicht wieder aufgesucht worden war. Auch wenn es bereits seit 17 Jahren dort lagerte, hoffte man, dass die meisten Nahrungsmittel noch genießbar wären. Am 16. August erreichte die »Ripple« nach einer schwierigen Einfahrt durch die Melville-Bucht die östlichste der Carey Islands. Björling und seine Mannschaft machten sich umgehend daran, nach dem Depot von Nares zu suchen. Es gelang

ihnen auch tatsächlich, das Depot zu finden und die darin verpackten Nahrungsmittel an Bord der »Ripple« zu bringen. 3600 Rationen soll das Depot enthalten haben, ihre Versorgungslage schien gesichert. Aber es war bereits spät im Jahr. Björlings Plan sah vor, von den Carey Islands aus die kanadische Küste zu erreichen, um dann Ellesmere Island zu durchqueren. Zu diesem Zeitpunkt hing die Expedition jedoch bereits zwei Monate hinter dem Zeitplan zurück. Dann traf sie das Unglück. Sie hatten die »Ripple« gerade an das Südende der Insel verholt, als ein schwerer Sturm über sie hereinbrach. Was genau geschah, ist nicht überliefert. Vielleicht hielt der Anker nicht, vielleicht war der Sturm zu heftig, jedenfalls trieb der Schoner in die Klippen und zerbrach. Im Jahre 1893, ein Jahr nach der Katastrophe, hatte ein schottischer Walfänger das Wrack der »Ripple« und eine Nachricht Björlings gefunden. Die Nachricht datierte vom 12. Oktober 1892 – also schon zu einer sehr fortgeschrittenen Jahreszeit. Björling beschrieb in knappen Worten, dass einer der Teilnehmer im Sterben liege und dass der Rest der Mannschaft versuchen würde mit einem Beiboot nach Clarence Head auf Ellesmere Island zu segeln. Man muss wissen, dass es an der ganzen Küste Ellesmere Islands wohl kaum einen abweisenderen und kargeren Ort gibt als Clarence Head. Selbst die Paläoeskimos hatten einen Bogen darum gemacht! Definitiv kein Ort, an dem man überleben kann. Anstatt also auf den Carey Islands zu überwintern und auf ein Walfang- oder Forschungsschiff im nächsten Sommer zu warten, fuhren sie ins Verderben. Die kanadische Küste ist außerdem viel weiter entfernt als die grönländische, wo die Inughuit lebten. Dort war Rettung, auf der kanadischen Seite wartete der Tod. Aber auch diese Option ließen die Schweden außer Acht. Ob sie jemals auf Ellesmere Island angekommen sind, ist unklar. Man hat nie wieder etwas von den Männern gehört oder gesehen.

> **Selbst die Paläoeskimos hatten einen Bogen darum gemacht!**

▲ Das Seegebiet um die Carey Islands ist nicht sehr gut vermessen – sicher einer der Gründe, warum sie nur sehr selten besucht werden.

Anhand der alten Beschreibungen machten wir uns auf die Suche nach den Wrackresten –
sofern es denn nach 117 Jahren noch etwas zu finden gab. Die Arktis ist bisweilen wie
eine Zeitkapsel. Die Zersetzung organischen Materials schreitet in dem kalten Klima nur
sehr langsam voran. Tatsächlich fanden wir Wrackreste, verteilt in mehreren Felsspalten
unmittelbar am Küstensaum. Es ist leicht nachzuvollziehen wie das Unglück passiert war.
Die »Ripple« musste bei dem auflandigen Wind in die Klippen gedrückt worden sein, ein
Entkommen war unter den Gegebenheiten kaum möglich. In einer der Spalten hatten die
Schiffbrüchigen ein provisorisches Lager eingerichtet. Reste von Tauwerk, Geschirr, Kleidung, Persenning, Glasflaschen für botanische Proben und diverse Ausrüstungsgegenstände liegen bis heute dort. Auf einer Anhöhe entdeckten wir ein einzelnes Grab. Es muss sich
dabei um den von Björling erwähnten »im Sterben liegenden Mann« gehandelt haben –
wer das war, hat Björling in seiner Nachricht nicht gesagt.

Das Grab ist nur halb eingedeckt, sodass man hineinblicken kann. Das Skelett scheint
nicht vollständig zu sein. Das deckt sich mit dem Bericht, den eine Suchexpedition 1894
verfasst hat. Darin ist zu lesen, dass die Suchmannschaft ein Skelett fand, das offenbar
von Tieren zerstreut war. Der Mann hatte vermutlich noch gelebt, als Björling und seine
Männer sich auf den Weg nach Kanada gemacht hatten. Deshalb war der Tote nicht bestattet worden. Die Suchmannschaft hatte die Gebeine eingesammelt und in ein provisorisches Grab gelegt. Dort ruht der Tote noch heute.

Es ist ein eigenartiges Gefühl, wenn man so unmittelbar mit der Tragödie konfrontiert wird –
auch wenn sie 117 Jahre her ist. Das meine ich mit Zeitkapsel. In der Arktis verschwimmen
Distanzen und Zeiträume. Wir fühlten uns den Schiffbrüchigen auf eine eigentümliche Art
und Weise sehr nah und verbunden. Kein Pathos oder aufgesetzte Trauer. Es war nur dieses
Gefühl der Vergänglichkeit, der Verletzbarkeit, die einen in solchen Momenten bewusst
wird. Da die Geschichte Björlings und seiner Männer weitgehend unbekannt und auch der
Ort des Schiffbruchs nur schwer zu finden ist, wird alles so bleiben wie bisher. Frozen in
time – die Zeit scheint dort stillzustehen.

▲ Ein Blick über die Carey Islands.
Ein Ort, an dem man verweilen
möchte.

◀ Kai Meibaum hält einen kapita-
len Walknochen hoch, den er neben einem alten Nahrungsmittel-
depot gefunden hat. Die Menschen
jagten überwiegend Wale, Robben
und Walrosse, die sich in dem
meist offenen Wasser in großer
Zahl aufhielten.

Auf einer Anhöhe im Inneren des
Foulke-Fjords steht ein Steinmann,
von dem aus man über den Fjord und
die Siedlung Etah blickt. Etah ist
gewissermaßen der Brückenkopf
zwischen Kanada und Grönland
gewesen und vermutlich eine der
ältesten Siedlungen Grönlands.

Etah
78°18,50′N; 072°36,35′W

In den Berichten der frühen Nordpolexpedition taucht der Name einer Siedlung immer wieder auf: Etah. Lange Zeit galt Etah als die nördlichste Siedlung der Welt. Das entsprach nicht ganz den Tatsachen, denn es gab noch andere, weiter nördlich gelegene Dörfer wie Anoatoq, Inuarfiussaq oder das auf fast 80° nördlicher Breite im Paris-Fjord gelegene Qaqaitsut. Aber während die weiter nördlich gelegenen Orte nach und nach aufgegeben wurden, blieben Grönländer bis in die Fünfzigerjahre des 20. Jahrhunderts in Etah. Das Dorf liegt im Inneren des Foulke-Fjordes unmittelbar am Fuße eines sanft ansteigenden Gletschers, der heute den Namen Brother-John-Gletscher trägt. Von hier aus sind es lediglich rund 50 Kilometer bis zum kanadischen Festland. Etah liegt daher auf der alten Einwanderungsroute, auf der vor Tausenden von Jahren die Immigranten der Independence-I-und-II-Kultur über das Eis des Smith Sounds eingewandert sind. Auch die spätere Thule-Kultur breitet sich auf diesem Wege aus. Die letzte bekannte Einwanderungswelle fand im Jahre 1865 – also nach dem Besuch von John Ross – statt. Diese Gruppe Inuit stammte von der kanadischen Baffininsel und wurde von dem Schamanen Qidlaq geführt. Etah war ihre erste Station auf Grönland. Die Gruppe spaltete sich dort auf. Während einige wieder zurück nach Kanada zogen, blieben die anderen in Grönland und vermischten sich mit den Inughuit. Regelmäßig haben die Inughuit ihre kanadischen Vettern in dem Dorf Grise Fiord besucht. In Grise Fiord gibt es einen Berg, der bis heute »The Greenlander« genannt wird. Vom Gipfel des Berges aus hielt man Ausschau nach den Besuchern, die regelmäßige Gäste waren. Da die Grönländer diesen Besuch mit Jagdausflügen verbanden, zogen sie sich jedoch den Unmut der kanadischen Behörden zu: Den Inughuit wurde die Jagd auf Moschusochsen und Eisbären strikt verboten. Es folgten Kontrollen und Verwarnungen, was zu einer Verunsicherung der grönländischen Jäger führte. Dieses Verbot muss für die Menschen völlig unverständlich gewesen sein – betrachteten

▼ Von dem Berg im Hintergrund aus hielten die Inuit der kanadischen Siedlung Grise Fiord traditionell im Frühjahr Ausschau nach Besuchern aus Grönland. Sie nennen den Berg bis heute den Greenlander. Die kanadischen Behörden bereiteten diesem kulturellen Austausch leider ein Ende.

sie doch den gesamten Raum als ihr Land, in dem sie seit Generationen tun und lassen konnten, was sie wollten. Ich selbst hatte 1981 die Enttäuschung der Inuit von Grise Fiord erlebt, als die Besuche der Grönländer plötzlich ausblieben. Hoheitliche Grenzen und Jagdrestriktionen hatte es in dem Verständnis der Grönländer nie gegeben. Das Land ernährte sie. Das Land war das Land ihrer Väter. Ihr Jahrtausende währender Anspruch war plötzlich hinfällig geworden.

> Das Land war das Land ihrer Väter. Ihr Jahrtausende währender Anspruch war plötzlich hinfällig geworden.

Die gelegentlichen Jagdausflüge der Grönländer werden den Wildbestand Kanadas nicht wirklich gefährdet haben. Aber durch diesen sturen Verwaltungsakt blieben die Grönländer fern. Ein Umstand, den sowohl die Grönländer wie auch ihre kanadischen Verwandten bedauerten. Heute wäre ein solcher Besuch mit Hundeschlitten ohnehin nicht mehr möglich. Durch die Klimaerwärmung ist der Smith Sound fast das ganze Jahr über offen. Bis vor wenigen Jahren noch war der Sund in der Regel von Oktober bis Juli gefroren. Über diese Eisbrücke konnte man das Northwater umfahren. Heute ist das nur in seltenen Ausnahmefällen möglich.

Etah war Basis für zahlreiche Expeditionen, die das Dorf im ausklingenden 19. Jahrhundert und frühen 20. Jahrhundert als Basislager erkoren hatten. Mit Ausnahme von Anoatok, das 25 Kilometer weiter nördlich lag und zu diesem Zeitpunkt bereits nur als Sommercamp genutzt wurde, war Etah die dem Nordpol am dichtesten gelegene Siedlung. Robert Peary und Donald MacMillan, Knud Rasmussen, sie alle, um nur einige zu nennen, überwinterten in Etah, um sich auf ihre unterschiedlichen Expeditionen vorzubereiten. Ob zum Nordpol, nach Kanada oder an die Nordküste Grönlands – an Etah führte kein Weg vorbei.

▲ Der Brother-John-Gletscher im Hintergrund. Die Hütten der heute verlassenen Siedlung Etah liegen in unmittelbarer Nähe zum Strand.

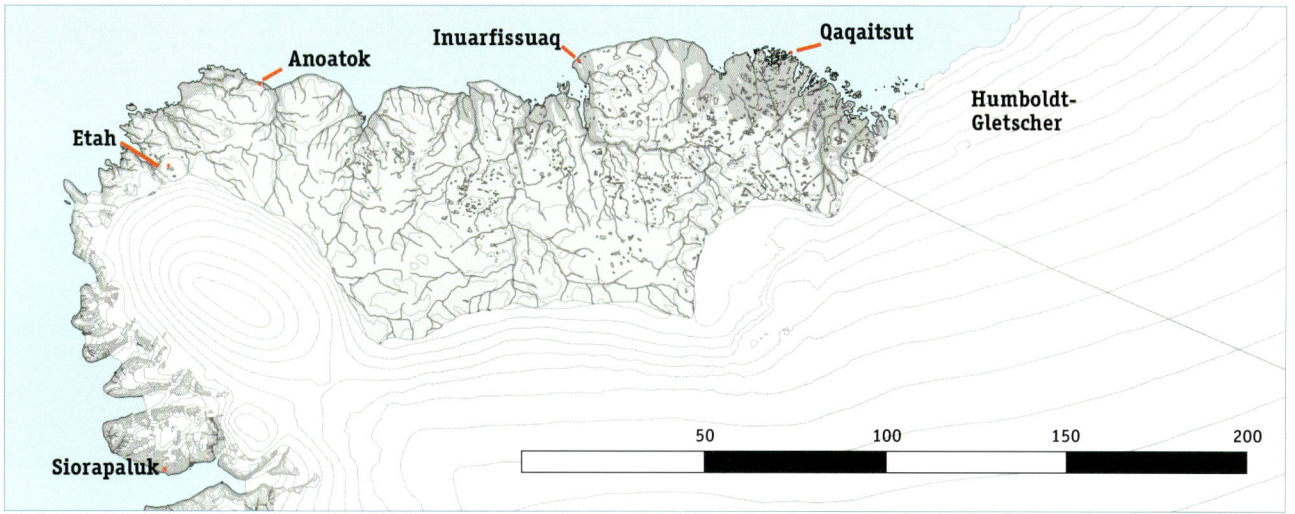

Das Wetter dort ist grauenvoll; Etah gilt als einer der stürmischsten Orte Grönlands. Mit einer solchen Gewalt fegen die Stürme über den Gletscher talwärts, dass Menschen umgeworfen werden und Gegenstände durch die Luft fliegen. Es ist lebensgefährlich, sich bei diesen Stürmen im Freien aufzuhalten. Schon immer heulten die Orkane tagelang durch den Fjord und zwangen die Menschen, nur von kurzen Wetterbesserungen unterbrochen, in ihren Behausungen auszuharren. Hungersnöte waren die Folge, da die Jäger kaum genug Zeit hatten, neues Wild zu beschaffen. Das Wetter war sicher einer der Gründe, warum sich die letzten Etah-Eskimos schließlich entschlossen, fortzuziehen.

Als wir im August 2009 mit der »Dagmar Aaen« im Foulke-Fjord vor Anker gingen, war es sonnig und windstill, so, als wollte die Siedlung ihren schlechten Ruf als Wiege der Stürme Lügen strafen. Wir hatten einfach nur Glück!

Die Seiten des Foulke-Fjordes bestehen aus bis zu 700 Meter hohen rötlichen Klippen, die steil zum Fjord hin abfallen. Hinter den verfallenen Hütten liegt der Alida-See, gleich dahinter beginnt der Brother-John-Gletscher. Moschusochsen und Rentiere bevölkern die Region, ein Umstand, der gelegentlich Jäger aus dem weiter südlich gelegenen Siorapaluk anzieht. Sie haben sich vor einigen Jahren eine kleine Jagdhütte gebaut, in der sie Schutz vor den Unwettern suchen. Die alten Häuser sind heute unbewohnbar.

Bei unserer Ankunft lagen zwei Boote von Jägern am Strand, die zufällig vor Ort waren, als wir dort eintrafen. Doug Stern, ein kanadisches Crewmitglied von uns, spricht Inuktitut – wenn auch den kanadischen Dialekt. Obwohl es Verständigungsschwierigkeiten gab, löste der Umstand, dass ein Weißer ihre Sprache beherrschte, eine wahre Begeisterung bei den Jägern aus. Gemeinsam saßen wir auf engstem Raum in der kleinen Hütte zusam-

▲◄ **Die häufigen Stürme haben im Laufe der Jahrzehnte die isolierende Grassodenschicht von den Häuserwänden abgetragen.**

▲▶ **Um einem Wärmeverlust vorzubeugen, gelangte man durch einen Kriechtunnel in das Innere der Häuser.**

men, tranken Tee und aßen Trockenfisch und Kekse, während Doug eifrig am Erzählen war. Landkarten und Seekarten wurden ausgebreitet. Unsere Reiseroute wurde aufmerksam verfolgt und kommentiert. Schließlich erfolgte die Einladung, ja fast die Aufforderung, nach Siorapaluk zu kommen – der heute nördlichsten Siedlung der Welt. Die Jäger hatten eine erfolgreiche Jagd auf Moschusochsen und Rentiere hinter sich und wollten jetzt wieder nach Hause fahren. Nur mit Mühe gelang es uns, sie davon abzuhalten, uns einen Haufen Fleisch zu schenken. Ich bestand darauf, dass wir ihnen das Fleisch bezahlten – die Jäger brauchen Geld, um Munition und Ausrüstung zu kaufen. Man merkte den Männern deutlich an, dass ihnen dieser Handel unangenehm war. Aber schließlich willigten sie ein. Wir bekamen frisches Fleisch und die Jäger dänische Kronen. So haben sich die Zeiten geändert – selbst an einem Ort wie Etah.

Am nächsten Tag kroch ich auf allen vieren in die alten Grassodeniglus – dabei eines nach dem anderen aufsuchend. Die letzten Bewohner hatten alles darin zurückgelassen, was wertlos war oder nicht abtransportiert werden konnte: gusseiserne Öfen, verwitterte Ausrüstungsgegenstände, Töpfe, Tierknochen und Felle, Bettgestelle und allerlei Behälter. Auch wenn die Iglus feucht und undicht waren, befanden sie sich für das Klima immer noch in einem erstaunlich guten Zustand. Mit ein wenig Mühe und Material hätte man einige von ihnen sicher wieder in einen bewohnbaren Zustand versetzen können. Aber darum ging es nicht.

Für mich war Etah immer ein Traumziel, und das ist es auch heute noch. Dorthin wollte ich mehr als an jeden anderen Ort Grönlands. Ich kann gar nicht genau sagen, warum. Es waren sicher die alten Expeditionsberichte, die ich gelesen hatte und die mich beeinflusst haben. Aber das war es nicht allein. Ich habe Etah als einen fast mystischen Ort empfunden. Es liegt an der Atmosphäre, die der Ort verströmt. Die Erkenntnis, an dem wahrscheinlich ältesten Ort Grönlands zu stehen, die Stille, die karge, aber gleichwohl erhabene Schönheit. Das verfehlte nicht seine Wirkung und ging nicht spurlos an uns vorbei. Es war wie ein Geschenk – Etah bei Sonne und Windstille. Ich hatte das Gefühl, endlich angekommen zu sein.

> **Für mich war Etah immer ein Traumziel, und das ist es auch heute noch.**

◄ Die Littleton Islands, etwas nördlich von Etah gelegen, war Anlaufpunkt zahlreicher Polarexpeditionen. Dieser Steinmann wurde vermutlich von George Nares im Jahre 1875 errichtet.

▲ Moschusochsen kommen mit dem harten Klima und der kargen Vegetation bestens zurecht.

Unsere Hunde haben die Witterung
aufgenommen und ziehen den Schlitten
Richtung Siorapaluk – heute die
nördlichste Siedlung Grönlands.

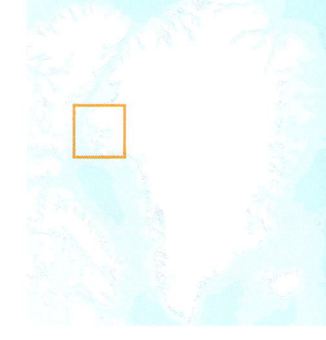

Siorapaluk
77°47′N; 070°38′W

Einen weißen Sandstrand erwartet man nicht unbedingt im Norden Grönlands. Aber genau das bedeutet der Name Siorapaluk: »der kleine Strand«. Und es gibt ihn tatsächlich!

In Siorapaluk lebt ein Mann, den nahezu jeder in Grönland kennt, und das, obwohl er von Geburt her Japaner ist. Sein Name lautet Ikuo Oshima. Ikuo ist eine Legende. Vor rund 40 Jahren kam er mit einer Expedition des Nihon University Alpine Club im Alter von 25 Jahren nach Grönland. Während alle anderen nach der Expedition wieder nach Hause fuhren, blieb Ikuo in Grönland. Er lernte die Sprache, die Jagd, den Umgang mit Schnee, Eis und Kälte. Er unterstützte andere Expeditionen wie die seines berühmten Landsmannes Naomi Uemura, der 1978 als erster Mensch im Alleingang mit Hundeschlitten den Nordpol erreichte. Ikuo war maßgeblich mit am Erfolg dieser Expeditionen beteiligt, ohne sich selbst dabei in den Vordergrund zu spielen. Er heiratete eine Grönländerin aus Siorapaluk, sie bekamen fünf Kinder, und Ikuo begann das traditionelle Leben eines grönländischen Jägers zu führen. Er musste seine Familie ernähren, und das ging damals nur, indem man mit Hundeschlitten zur Jagd hinausfuhr. Die Grönländer akzeptierten ihn, der sich rein äußerlich von der Statur und vom Aussehen her für einen Außenstehenden kaum von einem Grönländer unterschied. Er erwarb sich schnell den Ruf eines guten und mutigen Jägers. Zudem brachte er sich in die Gemeinschaft ein – so wurde er einer der Ihren. Als wir uns das erste Mal am Strand von Siorapaluk begegneten, kam Ikuo gerade von der Jagd zurück. Wie wir den Jägern von Etah versprochen hatten, waren

> **Er lernte die Sprache, die Jagd, den Umgang mit Schnee, Eis und Kälte.**

wir auf dem Weg von Etah vor der Siedlung vor Anker gegangen. Ikuo zerrte gerade eine frisch geschossene Robbe aus seinem Boot und begann sofort damit, sie zu häuten und zu zerlegen. Sein weißes Jagdhemd färbte sich zunehmend mit dem Blut der Robbe, danach zog er das Fleisch auf einem Karren zu den Hunden und begann, ihnen große Stücke Robbenfleisch zuzuwerfen. Gierig verschlangen die Tiere das nahrhafte dunkle Fleisch, und in wenigen Minuten war von der Robbe nichts mehr übrig. Die Arbeit war erledigt. Erst jetzt wandte sich Ikuo uns zu und begrüßte uns auf Englisch. Es dauerte nicht lange, bis er Doug und mich zu seinem Haus einlud. Er wollte mehr über unsere Expedition wissen. Wo wir auf Ellesmere Island gewesen wären, ob wir Walrosse und Wale gesehen hätten? Die Jäger, denen wir in Etah begegnet waren, hatten ihm schon von uns berichtet. Nachrichten reisen schnell entlang der Küste. Es war deutlich zu spüren, dass es Ikuo ein Bedürfnis war, sich mit uns zu unterhalten. Nicht aus Höflichkeit. Ikuo kannte sich mit Expeditionen aus, unser Projekt interessierte ihn. Ob wir Lust auf ein typisches Gericht der Inughuit hätten? Doug und ich schauten uns an und nickten. Ikuo sprang auf, öffnete unter seinem

Haus eine Art Verschlag und zog eine dunkle prall gefüllte Robbenhaut hervor. Doug und ich blickten uns erneut an und ahnten, was jetzt kam: Kiviaq. Doug lebt seit Jahrzehnten in der kanadischen Arktis und ist mit allen Riten und Gebräuchen der Inuit bestens vertraut. Bei meinem ersten Besuch bei ihm zu Hause in Cambridge Bay saß er auf dem Fußboden seines Hauses. Vor sich, auf einem Stück Pappe, lag ein frischer Karibukopf, den er gerade mit einer Säge halbierte, um ihn anschließend zu kochen. Die Lippen und die Augen seien das Beste, resümierte er damals – also zimperlich ist Doug ganz gewiss nicht. Kiviaq ist wirklich nur etwas für Hartgesottene. Im Frühjahr kommen Millionen von Alken in den Norden, um dort in den Klippen zu brüten. Die Grönländer warten sehnsüchtig auf das Eintreffen der kleinen Vögel. Mit langen Käschern fangen sie diese

Kiviaq ist wirklich nur etwas für Hartgesottene.

zu Hunderten, drücken jedem einzelnen Vogel mit einem Handgriff das Herz ab und sammeln so lange, bis ein ganzer Berg von ihnen zusammengekommen ist. Danach werden die Vögel – so, wie sie sind, mit Federn, Kopf und Innereien – in eine frische Robbenhaut gestopft, an der man eine dicke Speckschicht belassen hat. Wenn die Robbenhaut mit 200 bis 300 Vogelkadavern prall gefüllt ist, wird die Haut zugenäht und die Nähte

werden nochmals mit Fett verschmiert. Danach legt man die Haut an einen kühlen, schattigen Platz unter Steinen oder in Höhlen, um sie vor dem Zugriff von Tieren zu schützen – und dann vergisst man sie. Man vergisst sie für mindestens drei Monate, bisweilen noch viel länger. Erst danach setzt die Erinnerung langsam wieder ein. Während der Lagerung löst sich das Robbenfett langsam auf, verflüssigt sich und durchdringt langsam die kleinen Kadaver. Auf diese Art und Weise wird das Fleisch der Vögel auf wundersame Weise konserviert – obwohl es irgendwie verrottet. Vornehm ausgedrückt spricht man von Fermentieren – nichts für schwache Nerven und noch weniger etwas für sensible Nasen und Mägen. Es hat seine Richtigkeit damit, dass Ikuo diese »Delikatesse« vor seinem Haus und nicht drinnen anbot. Seine Frau hatte ihm das strikt untersagt. Als die pralle Robbenhaut vor uns lag, strömte uns ein fauliger Geruch entgegen, der Doug und mich erneut einen stummen Blick tauschen ließen. Mit einem schnellen Schnitt seines Messers öffnete Ikuo die Haut und griff beherzt hinein. Zutage kam seine Hand mit öligen, nach ranzigem Gorgonzola riechenden Vogelkadavern, die er in eine Waschschüssel vor uns legte und uns guten Appetit wünschte. Doug und ich ergaben uns in unser Schicksal, in der festen Annahme, die kommende Nacht mindestens mit Erbrechen und Durchfall zubringen zu müssen – wenn nicht mit Schlimmerem. Aber Ikuo aß zügig und mit offenkundigem Genuss, sodass wir uns sagten, wenn ihn das nicht umbrächte,

würden wir das auch überleben. Also – einen der glitschigen, stinkenden Vögel in die Hand genommen, am Kopf festgehalten und so, wie Ikuo es uns vorgemacht hatte, ein Stückchen Haut ergreifen und mit einem Ruck den gesamten Federbalg abziehen. Das ging wie geschmiert. Das darunter zum Vorschein kommende Fleisch ist schwarz und erstaunlich fest. Mit den Fingern polkt man das Brustfleisch ab, dabei tropfte uns dunkles, geronnenes und mit Robbenöl durchzogenes Blut über die Finger. Mit Todesverachtung stopften wir uns das erste Stück Fleisch in den Mund. Wann hatte er die Vögel gleich noch mal gefangen, wollten wir wissen? Wollten wir das wirklich? So vor gut drei Monaten, lautete die prompte Antwort. Also drei Monate altes, verrottetes Fleisch. Der Geschmack lässt sich nicht beschreiben. Nur so viel sei gesagt, dass er durchaus positiv zu dem Geruch und dem Anblick kontrastiert. Das Fleisch ist zart, zergeht auf der Zunge und hat einen herben, aber durchaus aromatischen Geschmack. Ikuo verspeiste außer den Federn und dem Kopf nahezu den gesamten Vogel. Die Knochen sind butterweich und lassen sich mühelos mit den Zähnen zerkleinern. Allmählich fanden wir den Rhythmus und letztlich auch den Geschmack an der Speise. Einer der Söhne Ikuos stand schmunzelnd im Hintergrund und beobachtete uns. Als ich ihm einen Vogel hinhielt, wandte er sich angewidert ab und ließ uns wissen, dass es nur noch wenige Leute im Dorf gebe, die Kiviaq essen. Doug und ich ließen uns nichts anmerken. Nachdem der erste Schrecken verflogen und der Geschmack nicht annähernd so schlimm wie erwartet war, langten wir ordentlich zu – sehr zum Gefallen von Ikuo. Als wir eine Anzahl Vögel vertilgt hatten, band Ikuo die Robbenhaut wieder zu und verstaute sie erneut unter seinem Haus. Der Bann war gebrochen. Es war in diesem Moment, als mir der Gedanke kam, Ikuo zu fragen, ob er sich vorstellen könne, einmal gemeinsam mit uns und einigen Jägern aus dem Ort eine Hundeschlitten-Expedition durchzuführen. Die Frage war ein bisschen heikel. Ikuo ist ein stolzer Mann und Jäger. Touristische Unternehmungen sind ihm fremd. Die Frage, die sich jetzt stellte, war: Wie stufte er uns ein? Waren wir in seinen Augen Segel- und Abenteuertouristen oder hielt er uns für eine ernst zu nehmende Expedition, die sich einreihte in die klassischen Polarexpeditionen, an denen er selbst früher mitgewirkt hatte? Es dauerte eine Weile, bis er antwortete. Ich hoffte, dass die von uns vertilgten Vögel für uns arbeiten würden. Offenbar hatte unsere Bereitschaft, sich darauf einzulassen, ihre Wirkung nicht verfehlt. Ikuo strahlte mich an und sagte, ja, das könne er sich vorstellen. Mehr nicht. Und das war auch schon mehr als ich insgeheim erwartet hatte. Aber von dem Moment an war der Grundstein für eine Expedition gelegt, die drei Jahre später unter Beteiligung von Ikuo und zwei weiteren Jägern stattfinden sollte.

▲ Mit solchen Eisbärköpfen werden die Hunde zur Eisbärenjagd abgerichtet. Ein Jäger zeigt uns, wie es geht.

▲◄ Ein grönländischer Jäger macht es sich in seinem Boot bequem. Die Jäger kommen häufig bei der »Dagmar Aaen« längsseits. Dann wird Tee getrunken, geraucht und Kekse gegessen. Die Jäger mögen unser altes Schiff.

▼ Jeder Jäger – ob jung oder alt – verfügt über eine Hose aus Eisbärenfell. Während Vater und Sohn schlafen, lüften die Hosen aus.

Tage, wie man sie wohl nur in Grönland erlebt: Kristallklare Luft, kein Windhauch und eine niedrig stehende Sonne lassen diese Spiegelungen nahe Kap Alexander entstehen.

Qaanaaq im März 2012. Das Küsteneis
ist durch die Gezeitenwechsel im
Meer aufgetürmt. Dahinter haben
wir unser Basislager errichtet.

Qaanaaq

77°29′N; 069°20′W

»Ajorpoq – das ist schlecht.« Mit seinem schmutzigen Zeigefinger weist ein Jäger auf das vor uns liegende Kap. Uns ist sofort klar, was er meint. Vor uns ist das Eis aufgebrochen – jetzt schon. Selbst aus der Ferne ist das am dunklen Himmel – dem sogenannten Wasserhimmel – abzulesen. Wir haben erst Ende März, es ist bitterkalt. Mit weit ausholenden Gesten und einem Gemisch aus Dänisch und Grönländisch versucht uns der Jäger auf die vor uns liegenden Gefahren hinzuweisen. Wir sollen an Land fahren, dicht unterhalb der Klippen, und die Kaps meiden. Dort auf dem Fjord sei das Eis so dünn – er zeigt die Stärke zwischen Daumen und Zeigefinger an. Er deutet auf unsere schwer beladenen Kamutiks und erläutert gestenreich, wie sie durch das Eis brechen würden, sollten wir dorthin fahren. »Ajorpoq« – kopfschüttelnd geht er zu seinem Hundegespann zurück, auf dem seine Frau und ein Kind sitzen. »Qujanaq – danke« rufe ich ihm hinterher. Er winkt freundlich zurück, schwingt sich auf seinen Schlitten und ist im nächsten Moment in Richtung Qaanaaq unterwegs.

Wir hatten bereits in Qaanaaq gehört, dass das Eis auf den Fjorden dieses Jahr besonders dünn ist. Je weiter man nach Westen Richtung Smith Sound fahre, desto dünner und zerbrechlicher würde es. Dort, wo die Eisstärke vor nicht einmal zehn Jahren noch in Metern gemessen wurde, sind es heute gerade noch Zentimeter. Ein starker Wind reicht aus, um es aufbrechen zu lassen. Und das, obwohl die Lufttemperatur bei –30 °C liegt. Das Meer erwärmt sich in den Sommermonaten so sehr, dass es die Energie nicht mehr loswird. Das Eis bildet sich daher später im Jahr und wächst nicht mehr zur gewohnten

Klimawandel – ein Begriff, der für die Grönländer Alltag geworden ist.

Stärke an. Früher war das Meer bereits im Oktober solide gefroren. Heute bildet sich das feste Eis häufig erst im Dezember oder Januar. Klimawandel – ein Begriff, der für die Grönländer Alltag geworden ist und mit dessen Folgen sie sich tagtäglich auseinandersetzen müssen.

Qaanaaq ist die größte Siedlung der Thule-Region, die heute der Qaasuitsup Kommunia zugerechnet wird. Etwas mehr als 600 Menschen leben in dem kleinen Ort, in dem es eine Schule, ein Krankenhaus, einen Supermarkt sowie ein Altersheim gibt. In dem Pillerssuissoq Supermarkt gibt es alles zu kaufen, was man hier oben benötigt. Auch Artikel, auf die man vermutlich gut verzichten könnte, wie gefrorenen Fisch und Eiswürfel. Beides gibt es zum Nulltarif und in unbegrenzter Menge vor der Haustür. In den Regalen liegt eine eingeschränkte Auswahl an Obst und Gemüse, Konserven, Handwerkszeug, künstliche Blumen für die Grabpflege, Angelhaken, Haarfärbemittel, warme, robuste Kleidung und Eiscreme. Gewehre unterschiedlichen Kalibers samt Munition sind in Vitrinen und Ständern ausgestellt. Waffen sind hier so allgegenwärtig und selbstver-

43

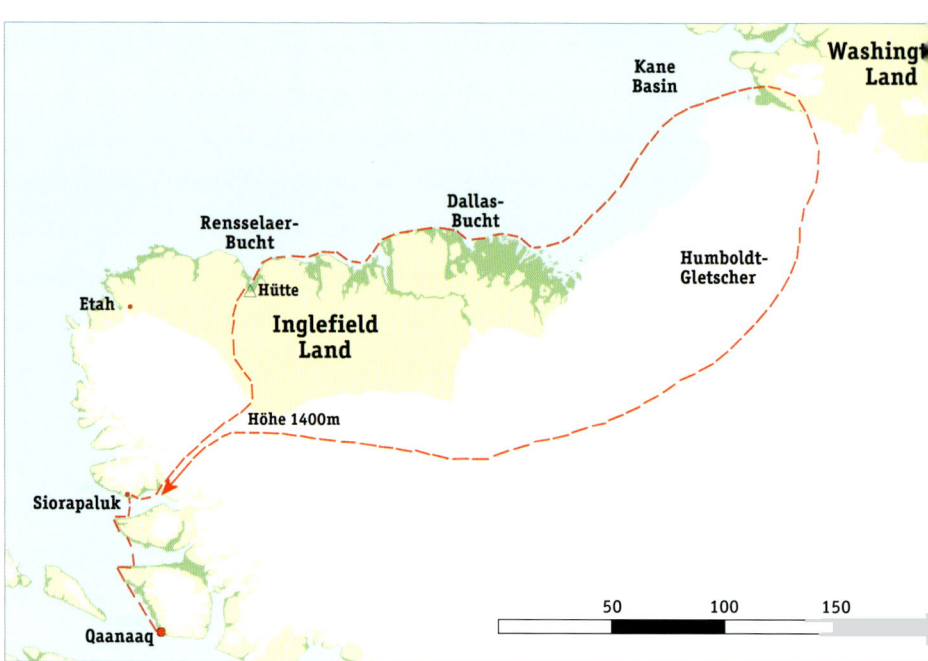

ständlich wie bei uns Regenschirme. Und natürlich gibt es Wein und Bier. Das Sortiment ist umfassend – wenn auch nicht so vielfältig wie im Süden.

Ein Altarbild in der kleinen Kirche zeigt einen Jesus, der Strumpfsocken in seinen Sandalen trägt. Die Grönländer konnten sich nicht vorstellen, dass jemand barfuß die Kälte ertragen kann. Das kleine Hotel wird von Hans Jensen betrieben, einem Grönländer, der nicht nur geschäftstüchtig, sondern zugleich auch eine Seele von Mensch ist. Hans ist der lebende Beweis, dass das eine das andere nicht ausschließen muss. Die Zimmer sind winzig und teuer, es gibt eine Gemeinschaftsdusche und »Beutelklos« – wie überall im Norden. Über eine Kanalisation wie in den südlicheren Kommunen verfügt Qaanaaq nicht. Das Verlegen von Rohren wäre in dem dauerhaft gefrorenen Boden viel zu aufwendig. So verfügt jeder Haushalt über eine Klobrille, die auf einem Metallgestell thront, unter dem ein »Heavy duty« Plastiksack eingehängt wird. Ist der Beutel voll – und meistens ist er

Waffen sind hier so allgegenwärtig und selbstverständlich wie bei uns Regenschirme.

prall gefüllt, weil man bis zum letzten Moment wartet –, wird er zugeschnürt und an die Straße gestellt. Die »Schietgang« sammelt die Beutel regelmäßig mit einem Lkw ein und fährt sie auf die Deponie. Dort liegen sie! Geradezu furchterregend. Tausende von ihnen! Über Jahrzehnte gesammelt und zusammengetragen stellen sie eine biologische Zeitbombe dar.

Aber Hans' Hotel hat trotz Beutelklos Charme. Hier treffen sich Wissenschaftler, Abenteurer, Touristen, Piloten und Fotografen. Es ist ein internationaler Schmelztiegel. In dem kleinen, gemütlichen Aufenthaltsraum sorgt Hans für das leibliche Wohl. An den Wänden hängen Grußkarten und Fotos von Expeditionen, die alle in irgendeiner Weise von der Umtriebigkeit und Hilfe von Hans profitiert haben. Darauf ist er spürbar stolz. Bei uns ist das nicht anders. Immer wenn es irgendwo hakt oder Probleme gibt – Hans regelt das. Gut gelaunt fährt er unsere Ausrüstungsteile mit seinem Anhänger von einem Lagerhaus zum anderen. Er organisiert einen geheizten Raum, in dem wir unsere Ausrüstung sortieren und verpacken können, besorgt die passende Munition für unsere Gewehre und überredet einen Jäger, noch fehlende Hundegeschirre zu nähen. Außerdem macht er uns mit Navarana bekannt, einer Grönländerin, die perfekt Englisch spricht und uns beim Dolmetschen hilft. Dabei sind wir gar nicht

▲ Ein grönländischer Junge aus Qaanaaq, auch er mit der typischen Eisbärfellhose gekleidet, übt mit einem kleinen Schlitten das Hundeschlittenfahren.

▲▶ Unsere Route der Hundeschlittenexpedition 2012.

Hotelgäste bei Hans, sondern campieren in unseren Zelten auf dem Eis. Er hilft trotzdem. Mit einem Augenzwinkern vertraut er uns sein Hobby an: Hans sammelt alte Apple-Computer. In seinem kleinen vollgestopften Büro steht eine ganze Reihe ausgedienter Macs. Qaanaaq ist auch nicht mehr das, was es mal war ...

Navarana ist die Liebenswürdigkeit in Person. In ihrer sanften Art hilft sie uns bei Verhandlungen mit Hundebesitzern. Mit den Hunden gibt es nämlich Probleme. Einige der Tiere, die wir bereits im Februar gekauft hatten, sind nicht mehr verfügbar. Um diese Jahreszeit gibt kein Grönländer gerne Hunde weg – er braucht sie selbst. Das wussten sie natürlich auch schon im Februar. Doch damals lockte der Verdienst, und wer wusste schon, was in einem Monat sein würde.

Die beiden Jäger, von denen wir die Hunde erworben hatten, bräuchten sie jetzt selbst, teilt man Navarana mit. Wir hatten die Tiere aber bereits im Februar bezahlt, 150 Euro für jeden Hund. Das ist viel Geld für Qaanaaq. Es ist ein Eiertanz. Uns geht es nicht um das Geld, aber wir müssen aufpassen, dass wir einerseits nicht das Gesicht verlieren und als dumme Touristen dastehen, auf der anderen Seite dürfen wir aber auch keinen Druck ausüben. Wir beraten uns mit Navarana und Hans. Ich zeige mich enttäuscht, mehr nicht. Das wirkt besser als alles andere. Am nächsten Tag weiß der ganze Ort Bescheid. Einer der beiden Jäger schickt seinen Sohn, um uns das Geld für die Hunde zurückzugeben. Er lässt uns ausrichten, dass er seine Hunde jetzt braucht und uns leider nicht helfen kann. Damit ist die Sache aus der Welt. Der andere meldet sich nicht. Aber wir hören von verschiedenen Grönländern, dass sie ärgerlich über sein Verhalten sind. Die Grönländer regeln das untereinander. Durch unsere Zurückhaltung erreichen wir mehr als durch übermäßig forsches Auftreten. Auf wundersame Weise tauchen andere Hunde auf, die die versprochenen und nicht gelieferten Tiere ersetzen. Wir verlieren kein Wort mehr über den Vorfall. Durch intensives Training und arbeiten mit den Tieren konnten wir letztlich zwei passable Teams zusammenfügen. Im Laufe der Expedition würden sie fitter und immer besser werden.

Wenn man innerhalb weniger Tage 21 Hunde übernimmt, die alle grönländische Namen haben und auf den ersten Blick ähnlich aussehen, kann man sich unmöglich alle Namen merken. Also verfahren wir nach einem bewährten Muster, das wir schon bei ähnlichen Expeditionen angewandt haben: Wir suchen bei jedem Hund nach einem charakteristischen

▲ Das Tageslicht kehrt nach der langen Polarnacht zurück. Ein Anblick, der das Herz wärmt – dabei herrscht klirrende Kälte.

▲ Trotz der frühen Jahreszeit und der herrschenden Kälte gibt es an den Kaps offenes Wasser. Das Meer hat sich permanent erwärmt und lässt das Eis dünn und brüchig werden.

Körpermerkmal und benennen ihn danach. Der eine Rüde aus unserem Team, ein kräftiger, stattlicher Hund, hat ein abgeknicktes Ohr, das ihn irgendwie keck aussehen lässt. Er bekommt den Namen Schlappi – wegen seines Schlappohrs. Wir sollen aber im Eiltempo lernen, dass er diesen Namen gleich in mehrfacher Hinsicht verdient. Er ist nämlich der faulste und ängstlichste aller Hunde. Im Verlauf der Expedition wird er so etwas wie der Clown unter den Hunden. Immer wieder gibt er Anlass zu Heiterkeitsausbrüchen, weil er sich einfach so unglaublich tollpatschig anstellt. Ansonsten ist er aber ein liebes Tier. Ein anderer Hund hat eine markante, vorspringende Unterlippe. Er heißt fortan Lippe. Ein schwarzer Hund hört von jetzt an auf Blacky und so geht es weiter. Unseren Leithund benennen wird nach seinem Besitzer Marmaruth. Es ist ein prächtiges Tier. Intelligent, fleißig und ungewöhnlich zutraulich und liebenswert. Er und die einzige Hündin in unserem Gespann Kajou, sind Brigittes und meine Lieblingshunde – ein Umstand, den man die anderen Tiere natürlich nicht spüren lassen darf.

Endlich sind wir auf dem Weg von Qaanaaq nach Siorapaluk. Diese Strecke beträgt in direkter Linie etwa 80 Kilometer. Aber das aufbrechende Eis zwingt uns zu Umwegen. Es soll unsere Generalprobe für die Expedition sein. Wir meistern schließlich auch die Tücken des schweren Küsteneises, um dem offenen Wasser aus dem Weg zu gehen. Zwei Wochen hatten wir intensiv mit unseren Schlittenhunden trainiert. Eigentlich braucht man Wochen – wenn nicht Monate, um ein gutes Gespann zusammenzustellen und zu trainieren. Diese Zeit hatten wir ganz einfach nicht. Deshalb musste es in einer Art Crashkurs gehen. Zwei Jäger aus Qaanaaq, Lars und Rasmus, hatten uns die beiden Kamutiks gebaut. Um sicherzugehen, dass die Schlitten bei unserem Eintreffen auch wirklich fertig sein würden und solide gebaut wären, hatten wir ihnen bei einem Vorabbesuch im Februar folgenden Deal vorgeschlagen: »Wir bezahlen das Material und euren Arbeitslohn, und wenn wir von der Expedition zurück sind, schenken wir euch die Schlitten.« Das ist ein Geschäftsmodell ganz nach dem Geschmack der Grönländer. »Eeeeh – ja«, Kopfnicken, lachen, beide Seiten

sind zufrieden. Bei unserem erneuten Eintreffen im März standen die beiden Schlitten bereit. Jeder der Schlitten ist vier Meter lang und nicht etwa geschraubt oder geleimt, sondern mit Schnüren zusammengezurrt. Dadurch ergibt sich eine ungeheuer flexible Einheit, die auch im schwersten Eis nicht zerbricht. Diese Schlitten zu bauen, ist eine Kunst. Es gehören profundes Wissen und handwerkliches Geschick dazu. Ich habe noch nie einen besseren Kamutik besessen als jenen, den Rasmus gebaut hat. Brent, der über 30 Jahre Erfahrung mit Hundeschlitten hat und zusammen mit dem Amerikaner Will Steger sogar mit Hundegespannen am Nordpol war, bestätigt mir diesen Eindruck. Wir sind bestens ausgerüstet und vorbereitet für die Expedition. Mit den beiden Gespannen läuft es von Tag zu Tag besser. Wir sind zu viert. Meine Frau Brigitte, Martin Varga, Brent Boddy aus Cambridge Bay und ich selbst. Brent und Martin fahren das eine Gespann, Brigitte und ich das andere. Ein Grönländer braucht für die Strecke Qaanaaq–Siorapaluk bei günstigen Verhältnissen und mäßig beladenen Schlitten einen Tag. Wenn es schlecht läuft vielleicht eineinhalb Tage. Wir brauchen drei Tage, bis die Häuser von Siorapaluk

> ### Jeder der Schlitten ist vier Meter lang und nicht etwa geschraubt oder geleimt, sondern mit Schnüren zusammengezurrt.

vor uns auftauchen. Aber das spielt keine Rolle. Wir sind rundherum zufrieden mit dem Verlauf der Generalprobe. Die Hunde haben sich auch im schwierigen Gelände bewährt. Wir sind bestens akklimatisiert, und die Ausrüstung scheint optimal für unsere Bedürfnisse zugeschnitten zu sein. Die Hunde haben längst die Witterung von dem kleinen Dorf aufgenommen. Im Sprint geht es die letzten Kilometer über das Eis. Kurz vor Erreichen des Küstensaums stoppen wir und bringen die sogenannten Stakeout-Ketten aus, an denen die Hunde befestigt werden, um zu ruhen. Unser Eintreffen ist nicht unbemerkt geblieben. »Kutaa – Guten Tag!«, werden wir begrüßt. Und dann sehen wir auch Ikuo, der auf uns zugelaufen kommt. Es ist rund zweieinhalb Jahre her, dass wir uns das letzte Mal begegnet sind. Es kommt mir vor, als sei es letzte Woche gewesen.

▲ Den Hunden macht die Kälte nichts aus. Sie werden draußen geboren und sterben auch unter freiem Himmel. Sie sind optimal an das arktische Klima angepasst.

Der Aufstieg zum Inlandeis ist fast
geschafft. In 1400 Metern Höhe
öffnet sich das Hochplateau. Im
Hintergrund die Fjordlandschaft,
über die wir angereist sind.

Rensselaer-Bucht
78°36′N; 070°51′W

Wer von Siorapaluk nach Norden reisen will, muss das Inlandeis überqueren. Lediglich für wenige Wochen im Sommer gibt es mit Booten eine Alternativroute. Diese führt dicht unter Land am Kap Alexander vorbei. Das Kap bildet den westlichsten Zipfel Grönlands und ist eine notorische Schlechtwetterecke. Aber wenn man das Kap mit dem Boot einmal gerundet hat, geht es meistens ohne größere Schwierigkeiten weiter die Küste entlang nach Norden. Im Sommer 2009 hatten wir große Probleme, mit der »Dagmar Aaen« einen Weg um das Kap herum zu finden, da immer wieder dichte Eisfelder den Weg nach Norden versperrten. Die kleinen Boote der Grönländer sind da im Vorteil. Dabei handelt es sich heute vornehmlich um moderne, offene Kunststoffboote, die mit einem starken Außenbordmotor versehen sind. Mit diesen modernen Booten sind die Jäger wendig und enorm schnell. Bei dichter werdendem Eis fahren sie ihre Boote mit Schwung auf eine Eisscholle und warten ab. Sie sind damit aus der Gefahrenzone, treiben mit dem Eis, und sobald es sich wieder lockert, fahren sie weiter. Mit einem Schiff wie der »Dagmar Aaen« geht das nicht. Im Winter ist die Route um Kap Alexander allerdings nicht passierbar – weder für Boote noch für Hundeschlitten. Selbst im Winter gibt es am Kap im-

> **Im Winter ist diese Route um Kap Alexander nicht passierbar – weder für Boote noch für Hundeschlitten.**

mer offenes Wasser und unsicheres Eis. Da die Klippen des Kaps steil ins Meer abfallen, kann man auch nicht an Land ausweichen. Wer mit dem Hundeschlitten nach Norden will, muss daher wohl oder übel den Weg über das Inlandeis gehen; eine anspruchsvolle und sportliche Angelegenheit. Von Meereshöhe aus führt die Route über einen Gletscher etwa 1400 Höhenmeter hoch zum Inlandeis. Im Alpinstil, mit leichter Ausrüstung oder Pulkaschlitten, mag das ja noch gehen. Mit einem schwer beladenen Kamutik und einer Horde Hunde sieht die Sache schon anders aus. Seit Generationen haben die Inughuit den Weg über den Clemens-Markham-Gletscher gewählt. Dieser Gletscher ist für sie so etwas wie der Highway zum Inlandeis. Seine Steigung verläuft moderat und gleichmäßig. Es gibt wenig Spalten und Hindernisse, sodass man in der Regel zügig vorankommt. Es war für uns daher abgemachte Sache, dass auch wir über diesen Gletscher aufsteigen würden.

Zum ersten Mal seit Beginn der Expedition erlauben wir uns den Luxus eines geheizten Hauses. Ikuo hatte uns diese ansonsten leer stehende Behausung besorgt. Wir schälen uns aus den diversen Schichten Fleece und Funktionsunterwäsche, trocknen die Schlafsäcke, Strümpfe, Innenschuhe, Handschuhe und Ausrüstungsgegenstände. Eine heiße Dusche – Luxus pur! Am Abend öffnet sich die Haustür und ein ernst blickender Ikuo Oshima tritt ein, klopft sich den Schnee von den Kamiks – den traditionellen Stiefeln – und setzt sich zu uns an den Tisch. Ikuo kommt gleich zur Sache und teilt uns mit ungewohnt ernster Miene mit, dass die

Clemens-Markham-Route unpassierbar sei. Ich hatte Ikuo inzwischen recht gut kennenge-lernt und mich immer wieder von seiner Lockerheit und guten Laune anstecken lassen. Sein vom Wetter gegerbtes Gesicht strahlte immer Fröhlichkeit und Sorglosigkeit aus. Unmöglich, sich dieser Lebensfreude zu entziehen. So ernst wie jetzt hatte ich ihn noch nicht erlebt. »Das Eis – überall ist es aufgebrochen. Ein Jäger ist gerade zurückgekommen«, erzählt er. »Vor dem Gletscher und entlang der gesamten Küste ist alles offenes Wasser. Da kommen wir nicht mehr hin.«

Wir sitzen zusammen, trinken Tee und beratschlagen. Wenn sich ein Jäger einer Expedition anschließt, dann übernimmt er Verantwortung und identifiziert sich damit. Vieles mag ihm am europäischen Gedankengut fremd erscheinen, und vielleicht amüsiert er sich im Stillen über die Ungeschicklichkeit oder die Ungeduld der Expeditionsteilnehmer. Aber er bringt sich ein, versucht zu helfen, wo es geht, und bewahrt dabei immer seine gute Laune. Ein weiterer Jäger, den Ikuo gefragt hat, ob er uns begleiten wolle, gesellt sich zu uns. Qidlugtooq ist Feuer und Flamme von der Idee, uns auf der Expe-dition zu begleiten. Ich habe mich immer wieder gefragt, woher diese Begeisterung rühren mag. Die Jäger brauchen uns nicht, um im Norden auf die Jagd zu gehen. Wir sind eher der Ballast für sie. Dennoch engagieren sie sich, als sei es ihre ureigene Unternehmung. Wie mit Ikuo besprochen, wollen sie uns nicht die gesamte Expedition begleiten, sondern ledig-lich bis zur Rensselaer-Bucht, auf der anderen Seite des Inlandeises am Smith Sound. Dort gibt es eine Jagdhütte, von der aus sie Moschusochsen und Eisbären jagen wollen. Nach der Hütte müssten wir allein klarkommen. Auch um in die Rensselaer-Bucht zu gelangen, brauchen sie uns nicht. Wir hingegen benötigen sehr wohl ihre Hilfe.
Jeder im Dorf weiß, wer wir sind und was wir vorhaben – und dass sich Jäger unserer Ex-pedition angeschlossen haben. Damit wird die Expedition zu ihrer Angelegenheit, zum Ge-sprächsthema. Martin, unserer Kameramann, möchte gerne im Dorf drehen. Stets fragt er die Menschen, ob sie damit einverstanden sind – viele lehnen ab und Martin respektiert das ohne große Worte oder Überredungsversuche. Als er mit seiner Kamera in dem kleinen Laden auftaucht und fragt, ob er dort filmen darf, lehnt man dieses Ersuchen höflich und ein wenig schüchtern ab. Daraufhin packt Martin seine Ausrüstung zusammen und geht nach draußen. Dieses Verhalten wird sehr genau registriert. Ikuo erzählt uns später, dass es im-mer wieder Touristen und Kamerateams gibt, die gnadenlos alles filmen und fotografieren, was ihnen vor das Objektiv kommt. Er erzählt von einem Kamerateam, das ungeniert durch die Fenster eines Hauses nach drinnen gefilmt hat, ohne die Bewohner um Erlaubnis zu fra-

◄◄ Kajou, unsere einzige Hündin im Gespann, ist zugleich der liebenswerteste Hund von allen. Brigitte und sie sind beson-ders »dicke« Freundinnen.

▲► Ein grönländischer Jäger kniet sich niemals hin. Wenn es sein muss, steht er 20 Minuten in dieser gebückten Haltung, um irgendeine Arbeit zu verrichten.

►▲ Der Aufstieg zum Mehan-Gletscher stellt uns vor eine unge-heure Aufgabe. Vom Meeresspiegel aus müssen die schweren Schlitten 1400 Höhenmeter über den teil-weise sehr steilen Gletscher hoch-gezogen werden. Das gelingt nur, indem mehrere Hundegespanne hintereinandergeschaltet werden und jeweils ein Schlitten nach dem anderen nachgeholt wird.

► Qidlugtooq in voller Aktion. Die Hunde gehorchen ihm aufs Wort. Die Peitsche nutzt er wie ein Dirigent, um die Hunde in die ge-wünschte Richtung zu bugsieren.

gen. »So etwas kommt sehr schlecht an«, sagt er. Respekt und Rücksichtnahme zahlen sich aus. Man begegnet uns mit großer Freundlichkeit und Offenheit.

»Wenn die Expedition nicht schon gescheitert sein soll, bevor sie richtig begonnen hat, gibt es nur eine Alternative«, sagt Ikuo. In Abstimmung mit Qidlugtooq schlägt er uns vor, über den Mehan-Gletscher aufzusteigen. Ich blicke auf die Karte. Dort sieht der Gletscher im Vergleich zu den anderen der Region eher klein und unscheinbar aus. Aber der Schein trügt. Man hat es immer mit grönländischen Dimensionen zu tun. Wir vertrauen auf das Urteil unserer Grönländer und entscheiden uns, den Versuch zu wagen. Ein dritter Jäger, der uns eigentlich begleiten soll, sagt daraufhin seine Teilnahme ab. »Zu gefährlich«, ist sein knapper Kommentar, den Ikuo uns übersetzt. »Wir schaffen das auch ohne ihn«, ist Ikuos schlichte Einschätzung. Wir anderen stimmen Ikuos Plan zu – was bleibt uns anderes übrig. Am nächsten Morgen verteilen wir unsere Schlittenlasten auf die insgesamt vier Gespanne. Insgesamt stehen uns jetzt 42 Hunde für die vier Schlitten zur Verfügung. Ikuo und Qidlugtooq sind als Erste mit dem Stauen fertig, und ohne sich weiter um uns zu kümmern, schwingen sie sich behände auf ihre Schlitten und treiben ihre Hunde an. Wir sehen sie erst Stunden später am Fuß des Mehan-Gletschers wieder. Bei unserer Ankunft haben sie sogar schon die Aufstiegsroute erkundet. Beim An-

Am nächsten Morgen verteilen wir unsere Schlittenlasten auf die insgesamt vier Gespanne.

blick des Gletschers sinkt unser Mut. Er ist steil, mit Spalten, blankem Eis und dann wieder mit Tiefschneefeldern durchsetzt – und er ist lang. 1400 Höhenmeter müssen wir bewältigen. Mit 42 Hunden und einigen Hundert Kilogramm an Ausrüstung. Als Faustregel gilt, dass ein Schlittenhund sein eigenes Körpergewicht zieht – zwischen 40 und 45 Kilogramm – allerdings bezogen auf die Ebene. Dieses Gewicht können die Hunde problemlos sechs, acht oder zehn Stunden am Tag bewegen. An normalen Tagen lassen wir unsere Hunde nie länger als sechs bis sieben Stunden ziehen, was je nach Geländebeschaffenheit einer Distanz von 25 bis 35 Kilometern entspricht. Zwischendurch gönnen wir ihnen immer genügend Ruhepausen. Beim Aufstieg zum Inlandeis gelten andere Gesetze. Dieser Gletscher lässt uns zweifeln – an uns und an der Energie unserer Hunde. Aber wir sollen in einer Art Intensivkurs mehr über Hundeschlitten erfahren, als in den drei Jahrzehnten zuvor. Während für Brigitte und Martin der Umgang mit Hundeschlitten neu ist, haben Brent und ich im Laufe der Jahre viel Erfahrung sammeln können. Ich selbst habe den Umgang mit Schlittenhunden 1980 in Grise Fiord von Larry Audlaluk gelernt, einem Inuk, mit dem ich mich angefreundet hatte. Seit jenen Tagen habe ich einige sehr anspruchsvolle Expeditionen mit Hundeschlitten durchgeführt. Brent ist ohnehin über jeden Zweifel erhaben. 20 Jahre lang hat er Gespanne geführt und dabei schwierigste Touren unternommen. Aber schon am ersten Tag unserer Expedition mit den Grönländern sind wir uns einig, in ihnen unsere Meister gefunden zu haben. Kurz entschlossen nehmen sie ein langes Seil und koppeln ihre beiden Hundegespanne vor eines unserer Hundeteams. Während wir von hinten den Schlitten schieben, spurten die beiden neben ihren Hunden her und treiben sie mit lauten Rufen an. Das Unglaubliche passiert. Die 30 Hunde ziehen den ersten der schweren Schlitten den Steilhang empor, kaum dass wir Schritt halten können. Danach spannen sie ihre Hunde ab, gehen mit ihnen den Hang hinunter, als würden sie Gassi gehen. Die Hunde gehorchen ihnen aufs Wort. Das Prozedere wiederholt sich, bis alle Schlitten den ersten Aufschwung bewältigt haben. Wir zählen nicht, wie oft wir im Verlauf des Aufstiegs den Gletscher hoch- und wieder runtergelaufen sind, um den nächsten Schlitten nachzuholen. Zum Glück spielt das Wetter mit. Es ist windstill, keine Wolke zeigt sich am Himmel, und die Temperatur liegt bei −25 bis −30 °C. Optimale Bedingungen. Bereits am Ende des zweiten Tages, in unfassbar kurzer Zeit, haben wir es geschafft: Vor uns breitet sich das Inlandeis wie ein gefrorener Ozean aus. Der Blick geht in die 360°-Runde ohne irgendeine Erhebung oder Unregelmäßigkeit erkennen zu können. Es geht eine unglaubliche Ruhe und Friedfertigkeit

◀ Nach dem abendlichen Füttern äußern die Hunde ihre Zufriedenheit mit einem gemeinsamen Heulkonzert.

▼ Die Jagd war erfolgreich. Acht alte Moschusochsenbullen haben die Inughuit geschossen. Das zähe, gefrorene Fleisch wird mit der Axt zerteilt und anschließend an die Hunde verfüttert. Auch unsere Hunde bekommen ihren Anteil.

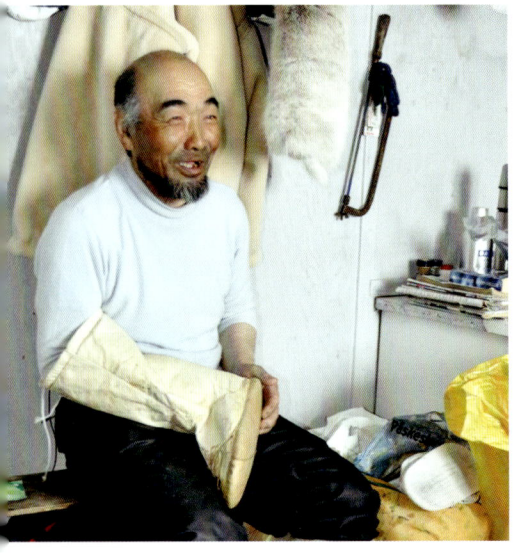

Die Hütte in der Rensselaer-Bucht ist eng und stickig – aber urgemütlich. Wie wenig man doch braucht, um glücklich zu sein. Ausgelassener Stimmung knetet Ikuo seine Kamiks. Stundenlang sitzen wir um den kleinen Tisch und essen gekochten Hasen oder Moschusochsen oder trinken Tee. Wenn das Fleisch aus ist, geht einer der Jäger los und holt Nachschub. So einfach ist das!

von dieser Landschaft aus – solange das Wetter so freundlich bleibt wie bisher. Trotz der Kälte. Wie auf dem offenen Meer gewinnt man ein Gefühl der Unendlichkeit. Hier wie dort bringt ein aufziehender Sturm eine dramatische Veränderung der Lebensumstände mit sich. Aber zurzeit ist die Wetterlage stabil.

Am nächsten Tag beginnen wir bereits wieder mit dem Abstieg zur Rensselaer-Bucht. Dort steht die einsame, vor vielen Jahren errichtete Hütte, von der aus Ikuo und Qidlugtooq jagen wollen. Sie erwarten, dort auf einen weiteren Jäger zu treffen, der allein und mit 15 Hunden von dem Dorf Qeqertat auf dem Weg zu der Hütte ist. Qeqertat ist eine der kleinsten Kommunen der Thule-Region. Etwa 29 Menschen leben dort im Inneren des Inglefield-Fjordes auf der Harward-Insel. 2009 hatten wir dem Dorf mit der »Dagmar Aaen« einen Besuch abgestattet. Ich stecke voller Bewunderung für den Jäger, der zufällig ebenfalls Qidlugtooq heißt. Der schwierige Aufstieg über den Gletscher steckt uns allen noch in den Knochen. Der Jäger hat die Route komplett allein gemeistert.

Das gerade mühsam errungene Hochplateau neigt sich, wird steiler, bis es in eisigen Kaskaden zur Küste talwärts abfällt. Der Abstieg ist ungleich gefährlicher als der Aufstieg. Die Hunde laufen mit Begeisterung den Hang hinab, ohne zu begreifen, dass hinter ihnen ein mörderischer Schlitten Fahrt aufnimmt, um sie entweder in den Abgrund zu reißen oder zu überfahren. Es gehört nicht viel Fantasie dazu, um sich vorzustellen, was mit den Hunden passieren würde, wenn ein schwer beladener Schlitten ungebremst in die Meute fährt. Schwerste Verletzungen wären die Folge. Wir wickeln Ketten und Tauwerk unter die Kufen, an unterschiedlichen Stellen platziert, sodass die Schlitten zwar noch rutschen, aber insgesamt doch kontrolliert und langsam den Abhang hinuntergleiten. Auch dabei sind Ikuo und Qidlugtooq unsere Lehrmeister. Endlich, ein letzter, äußerst steiler Abhang aus zerfurchtem Eis. Kaum wage ich mir vorzustellen, was passiert, wenn der Schlitten außer Kontrolle gerät. Aber alles geht gut. Erschöpft und trotz der Kälte schwitzend stehen wir am Fuße des Eises in dickem weichen Schnee. Wir sind in Inglefield Land. Ausgetrocknete Flussbetten, Bergkämme, Täler und Höhenrücken, so weit das Auge reicht.

Wir sind angekommen in der Urheimat der Inughuit. Die Orientierung ist schwierig – trotz der markanten Geländestrukturen. Das Problem besteht darin, dass es nur wenige Stellen gibt, an denen man von dem vergleichsweise hoch gelegenen Inglefield Land zur Küste absteigen kann. Die Route ist auf keiner Karte verzeichnet. Man muss einfach wissen, wohin man fahren muss. So einfach ist das. Ohne die Ortskenntnis der Grönländer würden wir vermutlich viele Tage darauf verwenden müssen, einen geeigneten Abstieg zu finden. Aber

sie kennen den Weg. Es sind für unsere Augen unscheinbare Geländemarken wie Berggipfel, Flusstäler oder einzelne Felsbrocken, die ihnen die Richtung weisen. Es geht durch Täler und Schluchten, über Bergrücken, durch gefrorene Flussläufe bis hin zur Küste. Es ist Niemands- land. Staunend beobachten wir, wie selbstverständlich sich die beiden Jäger in Schnee, Eis und Kälte bewegen. Wenn wir am Ende des Tages in unsere sturmerprobten Zelte kriechen, graben sie sich ein etwa einen Meter tiefes Loch in den Schnee, das genauso breit und lang wird, dass zwei Männer darin nebeneinander liegen können. Dann spannen sie eine Leinwand als Zeltplane darüber, die dem Aussehen nach schon mehrere Jägergeneratio- nen erlebt haben muss. Das Schneeloch gibt Schutz vor Wind und Kälte, und das niedrige Zeltdach bietet dem Wind nur wenig Angriffsfläche. Da die Jäger keine Schlafsäcke haben, sondern tags wie nachts nur ihre Eisbärfellhosen und Parkas tragen, lassen sie ihre Primus- kocher die ganze Nacht über brennen, so lange, bis der Tank leer ist. Ein paar dicke Felle dienen als Unterlagen, das ist alles. Wir dagegen stecken bis über die Ohren verpackt wohlig warm in unseren dicken Polarschlafsäcken. Die beiden haben auch nur wenige Lebensmittel, geschweige denn Hundefutter dabei. »Wir finden schon etwas zu essen«, sagt Ikuo. Auch wenn wir das Wild nicht zu Gesicht bekommen, den Jägern entgeht nichts. In einer komplett weißen Landschaft erspähen sie mehrere Schneehasen, die trotz ihrer Tarnung keine Chance gegenüber den Jägern haben. »Aber sie haben doch schwarze Nasen«, erklärt uns ein la- chender Qidlugtooq, während er die Jagdbeute über der Schulter trägt. »Daran kann man sie doch leicht erkennen.« An anderer Stelle entdecken sie eine große Herde Moschusochsen. Fasziniert beobachten wir, wie sie nur die alten Bullen schießen – um den Bestand zu schüt- zen, wie sie uns erklären. Früher, erklärt Ikuo, kamen regelmäßig Jäger ins Inglefield Land, um Moschusochsen zu jagen. Dadurch wurde der Bestand gesund gehalten. Heute kommen nur noch vereinzelt Jäger hierher. Es gibt heute zu viele alte Bullen, die den Jungtieren das Wenige, was es gibt, wegfressen. Die alten Bullen müssen daher Platz machen für die Jung- tiere. Ihr Fleisch ist zwar zäh, aber den Hunden ist das egal – und wir müssen das Fleisch eben etwas länger kochen. Ohne ein Wort darüber zu verlieren, bekommen alle Hunde – auch unsere – eine doppelte Ration frisches Fleisch.

Am fünften Tag seit dem Aufbruch von Siorapaluk erreichen wir nach einer rasanten Abfahrt durch ein gefrorenes Flussbett die Hütte. Sie ist kaum zu erkennen, da sie sich zwischen den rötlich gefärbten Felsen duckt. Todsicher haben die beiden Grönländer den Weg gefunden. Nachdem die Hunde versorgt sind, richten wir uns in der Hütte ein. Ein Ofen wird mit Petro- leum geheizt, und schnell wird es so warm, dass wir ins Schwitzen geraten. Die Vorräte wer-

▲ Qidlugtooq sitzt auf der ein- zigen Schlafpritsche und berei- tet sich auf einen Jagdausflug vor. Ikuo wird nicht müde, uns Ratschläge zu erteilen und unsere Ausrüstung zu optimieren. Ohne es auszusprechen, fühlt er sich für uns verantwortlich. Während der Anreise zur Hütte hat er uns sehr genau beobachtet – und war offenbar zufrieden mit unseren Fähigkeiten.

den hineingetragen, Schlafsäcke und Felle ausgebreitet, Schneehasen werden an der Decke aufgehängt, gleich neben den durchgeschwitzten Socken, den Fellhandschuhen, Mützen und Stiefeln. Die Luft ist zum Schneiden dick – aber urgemütlich.

Es sind nur kleine Besitztümer, über die wir verfügen, denen in der grönländischen Wildnis aber eine besondere Bedeutung zukommt. Wir sind reich! Mehr brauchen wir nicht zum Leben und zu unserem Glück. Wir teilen alles, was wir haben. Das Petroleum zum Kochen und Heizen, die Kekse, die Schokolade, das frisch gekochte Wild, unsere gefriergetrockneten Trekkingmahlzeiten, den Tee, den Kaffee – kurzum alles, was wir aufbieten können. Es sind glückliche Tage! Wir vermissen nichts. Es gibt kein Klo, keine Dusche – überhaupt kein fließend Wasser. Um Wasser zu bekommen, müssen wir 500 Meter weit laufen und mit einer Axt Eis von einem gestrandeten Eisberg abhacken. Danach schleppen wir es in die Hütte, um es zu schmelzen. Das dauert. Zum Waschen ist das Wasser viel zu kostbar. Wir leben unter einfachsten Verhältnissen und gerade deshalb intensiv. Keine Ablenkung, kein Überfluss – alles nur notwendige, elementare Dinge. Dabei sind wir ausgelassen wie die Kinder. In der Hütte stinkt es nach feuchten Tierfellen, gekochtem Fleisch, alten Socken, Petroleum und Hund. Es ist uns egal – es ist herrlich. Wir sitzen um den Tisch herum, darauf ein Topf voll gekochtem Moschusochsenfleisch. Jeder angelt sich einen Batzen Fleisch heraus, steckt es in den Mund und schneidet das überschüssige Fleisch unmittelbar vor den Lippen mit einem scharfen Messer ab. Pausenlos wird gegessen und Tee getrunken – und gelacht. Die Fröhlichkeit der Männer ist ansteckend. Ich weiß von früheren Reisen sehr wohl auch um die Melancholie und die Schwermut, die in die Häuser Einzug halten können. Die Suizidrate unter der indigenen Polarbevölkerung ist erschreckend hoch. Es gibt auch diese Schattenseiten. Das Leben besteht nicht nur aus Glückseligkeit. Aber in dieser einsamen Hütte in der Rensselaer-Bucht sind alle glücklich. Wir leben den Moment. Was gestern war, was morgen sein wird, ist gleichgültig. Es zählt nur das jetzt und hier.

> In der Hütte stinkt es nach feuchten Tierfellen, gekochtem Fleisch, alten Socken, Petroleum und Hund. Es ist uns egal – es ist herrlich.

Am nächsten Tag entdecken die Jäger drei Eisbären weit draußen auf dem Eis. Von dem Moment an geht alles rasend schnell. Innerhalb weniger Minuten haben sie ihre Hunde angespannt und jagen in halsbrecherischem Tempo den Bären über das Packeis entgegen. Wir beobachten die Jagd mit dem Fernglas, wollen selbst nicht stören. Qidlugtooq stoppt in einiger Entfernung und schneidet seine Hunde los. Sie sind trainiert für die Eisbärenjagd. Die freien Hunde rennen zu den Bären, kreisen sie ein und starten immer wieder Scheinattacken. Wütend schlagen die Bären mit den Pranken nach ihnen, einer der Hunde scheint verletzt zu sein. Aber die Angriffe gehen weiter. Die Hunde schaffen das für die Jäger erforderliche Zeitfenster, um dicht genug heranzukommen. Der Rest ist Routine. Sie schießen zwei Bären. Die Inughuit dürfen Bären jagen, wenn auch neuerdings Quoten festgelegt worden sind. Abends kommen sie mit Schlittenladungen voll Eisbärenfleisch und den Decken der Tiere wieder zurück. Glücklich und stolz – und mit dem Blut der erlegten Tiere verschmiert. Aus den Fellen der Bären werden neue Hosen für die Jäger entstehen. Trophäenjagd ist ihnen fremd – Gott sei Dank! Sie jagen für den eigenen Bedarf und nicht für gut betuchte Trophäensammler. Abends gibt es Eisbärenfleisch, das wir mit gemischten Gefühlen essen, Brigitte isst gar nicht davon. Es schmeckt auch nicht gut, wie selbst die Jäger freimütig einräumen. Aber es ist nun einmal da und wird verzehrt. Wir sind hin- und hergerissen zwischen dem Erlebnis der Jagd und dem Umstand, dass zwei solch großartige Tiere wegen ein paar neuer Hosen getötet worden sind. Die Sinnhaftigkeit solcher Jagd erschließt sich einem nur, wenn man die Lebensumstände dieser Menschen erfahren hat. Für Sentimentalitäten ist da kein Raum. Am zehnten Tag seit dem Aufbruch von Siorapaluk kommt der Tag der Trennung. Die Jäger

▼ Die Hunde genießen es, wenn sie nach getaner Arbeit gelobt und gestreichelt werden.

werden noch eine Woche bleiben, um zu jagen, bevor sie auf der gleichen Route wieder zurück nach Siorapaluk fahren. Wir aber ziehen allein weiter nach Norden. Ikuo hat unsere Schlitten überprüft und unsere Peitschen überarbeitet. Dann wird er ernst: »Ich habe euch genau beobachtet. Anfangs hatte ich Bedenken, euch allein weiterreisen zu lassen. Aber ich habe gesehen, wie ihr mit den Hunden und den Schlitten in dem schwierigen Gelände umgeht. Das sah gut aus. Ihr habt Erfahrung. Versprecht mir, auf der Rückreise in Siorapaluk Station zu machen und zu berichten.« Das Versprechen geben wir gerne. Der Abschied ist kurz und herzlich. Man verliert keine großen Worte. Die Jäger helfen uns noch, die schweren Schlitten über die Packeisbarrieren zu wuchten. Dann sind wir unterwegs. Allein. Auf dem Weg nach Norden.

▼ Hunde, Menschen und Schlitten bilden eine Einheit. Nur im Zusammenwirken aller Kräfte und Ressourcen lassen sich solche Polarexpeditionen realisieren.

Der Aufstieg zum Humboldt-
Gletscher ist steil, eisig und von
Spalten durchzogen. Zudem wird
es stürmisch, und Schneetreiben
setzt ein. Ungünstige Voraussetzungen für uns.

Washington Land
80° N; 064°54' W

N eidisch blicke ich auf die 21 halb wilden grönländischen Schlittenhunde. Es sind −30 °C und es geht ein leichter Nordwind, der die Kälte noch verstärkt. Mich friert, die Hunde stört die Eiseskälte nicht. Satt und zufrieden blinzeln sie zu mir herüber, ansonsten schlafen sie. Feiner Flugschnee sammelt sich auf ihrem dicken Fell. Das lässt so gut wie keine Körperwärme durch, sodass der Schnee nicht einmal zu tauen beginnt. Wie feiner Puderzucker bleibt er einfach auf dem Fell liegen. Kein Zweifel: Grönländische Schlittenhunde sind von der Natur optimal für diese Klimazone ausgestattet. Sie brauchen nicht einmal Wasser zum Trinken: Sie fressen Schnee, um ihren Flüssigkeitsbedarf zu decken. Bei Menschen und anderen Hunderassen funktioniert das nicht. Mit kalten Fingern zurre ich die Aluminiumkisten, in denen unsere Ausrüstung verstaut ist, auf dem Schlitten fest. Ohne diese Ausrüstung würden wir keinen Tag in dieser eisigen Umgebung überleben. Wie überlegen sind die Hunde dieser Umgebung angepasst, und wie vergleichbar schwach und unterlegen sind wir Menschen.

Der Hundeschlitten ist seit Urzeiten das klassische Transportmittel der Polareskimos. Er ist für mich zudem die schlüssigste und entsprechend der Jahreszeit die schönste Art zu reisen. Ich bin Tausende von Kilometern mit Ski und Pulkaschlitten im Schlepp gelaufen – allein 1989/90 waren es insgesamt 4000 Kilometer, die ich inklusive Training zum Nordpol und Südpol unterwegs war. Auch diese Art zu reisen hat ihren Reiz. Es wird aber leicht eintönig, da es kaum Abwechslung gibt. Man ist Tag für Tag mit sich selbst, dem Gewicht seines Pulkaschlittens und seinen Gedanken beschäftigt. Mit Hunden hingegen wird es niemals langweilig. Auch da ist man ständig in Bewegung, schiebt den Schlitten oder rennt neben ihm her. Dabei ist man aber immer auf die Aufgabe fokussiert. Was machen die Hunde als Nächstes? Wie bekomme ich den schweren Schlitten über die nächste Eisbarriere? Sind die Zugleinen schon wieder vertört und müssen entknotet werden? Lahmt ein Hund oder will er sich womöglich mit seinem Nachbarn beißen? Als Hundeschlittenführer ist man immer konzentriert. Eintönigkeit oder gar Langeweile kommt nicht auf. Jedes der Tiere hat seinen eigenen Charakter und seine Persönlichkeit. Man lebt mit den Hunden wie in einem Familienverband. Wir selbst stellen das Familienoberhaupt dar, aber ohne die Akzeptanz der Hunde läuft gar nichts. Die Hunde erwarten eine Ansprache. Sie checken dich ab, erkennen sehr schnell, ob sie dir auf der Nase herumtanzen können oder ob du schon im Ansatz merkst, wenn jemand aus der Reihe schert. Ohne Strenge und Disziplin geht es bei solch einer Hundemeute nicht. Aber man muss sie auch loben, sie motivieren, und sie müssen dich uneingeschränkt als ihren Herrn akzeptieren. Niemals darfst du ungerecht sein. Fairness ist das oberste Gebot –

> **Man lebt mit den Hunden wie in einem Familienverband.**

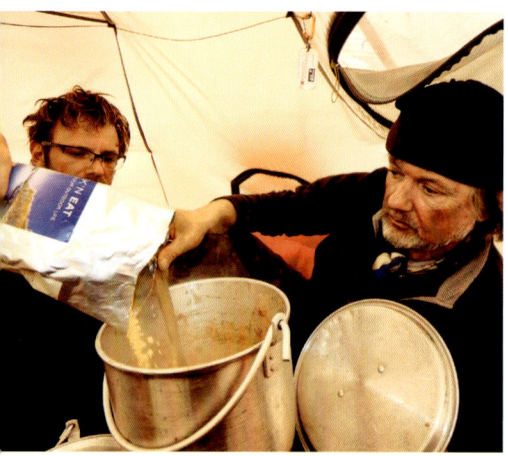

und das verstehen die Hunde perfekt. Schon so manchen Inuk haben seine Hunde vor dem Erfrierungstod bewahrt. Während der Inuk völlig erschöpft und unterkühlt im Sturm nicht mehr Herr der Lage war, haben die Hunde mit untrüglichem Gespür den Schlitten zum rettenden Iglu gezogen. Es gibt einige solcher Beispiele. Dennoch – für den Außenstehenden wirkt die Art und Weise, wie ein Grönländer mit seinen Hunden umgeht, bisweilen brutal und grausam. Und sie sind auch wirklich nicht zimperlich im Umgang mit den Tieren. Das geschieht aber nicht aus Grausamkeit oder um die Tiere zu quälen – die Tiere sind die Lebensversicherung der Jäger. Sie müssen wie sie selbst sein – unglaublich zäh und widerstandsfähig. Die Hunde müssen bereit sein, für den Jäger das Letzte zu geben, wenn es erforderlich ist. Das arktische Klima hat dafür gesorgt, dass nur derjenige überlebt, der hart gegen sich selbst und gegen seinen Nächsten ist. Dazu zählen auch die Hunde. Wer bereit ist, die Alten auf dem Eis sterben zu lassen oder junge Mütter, deren Männer umgekommen sind, zwingt, ihre weiblichen Säuglinge zu töten, sofern sie keinen neuen Mann finden, handelt natürlich grausam. Früher war das üblich. Aber ohne diese selbst auferlegten Härten hätte keiner von ihnen überlebt. Nicht die Menschen sind grausam, die Natur zwingt die Menschen, sich so zu verhalten – oder unterzugehen.

In der kanadischen Arktis haben die Motorschlitten den traditionellen Hundeschlitten schon vor Jahrzehnten weitgehend verdrängt. Ein Motorschlitten kann kaputtgehen. Ich selbst habe mit Inuit zusammen in einem Iglu gesessen und bei einer Außentemperatur von −40 °C einen Motor komplett zerlegt und wieder montiert. Wir hatten damals Glück. Er ließ sich reparieren. Aber es gibt auch andere Beispiele, die tragisch verlaufen sind. Inuit sind erfroren, weil der Motorschlitten zusammengebrochen war. Hunde hingegen kennen immer den Weg nach Hause. Sie können selbst bei schlechtestem Wetter, bei Dunkelheit und Schneetreiben, ja selbst ohne Futter auskommen und die entkräfteten Menschen in Sicherheit bringen. Man muss nur wissen, wie man mit ihnen umzugehen hat.

Die Hunde der Polareskimos laufen fächerförmig, wobei jeder Hund seine eigene Zugleine hat und daher seine Position im Gespann frei wählen kann. Der Leithund bekommt die längste Leine, an der er vorausläuft, um den anderen Hunden den Weg zu weisen. Der Leithund – bei uns ist es Marmarut – ist unser direkter Vertrauter und Dolmetscher zwischen Mensch und Tier. Er ist schlau, hält sich aus allen Beißereien heraus und wird von den anderen Hunden akzeptiert. Immer wieder dreht er während des Laufens den Kopf, sucht den Blickkontakt zu uns und gibt sein Bestes, um die Befehle richtig zu deuten. »Atsuk, atsuk – rechts, rechts«, rufe ich, und der Leithund dreht in die gewünschte Richtung. Die andern folgen. Bisweilen wird der Befehl unterstrichen, indem man die meterlange Peitsche links von den Hunden in den Schnee fliegen lässt. Wie ein Dirigent in einem Orchester seinen Dirigentenstab hat, so verwendet der Schlittenführer seine

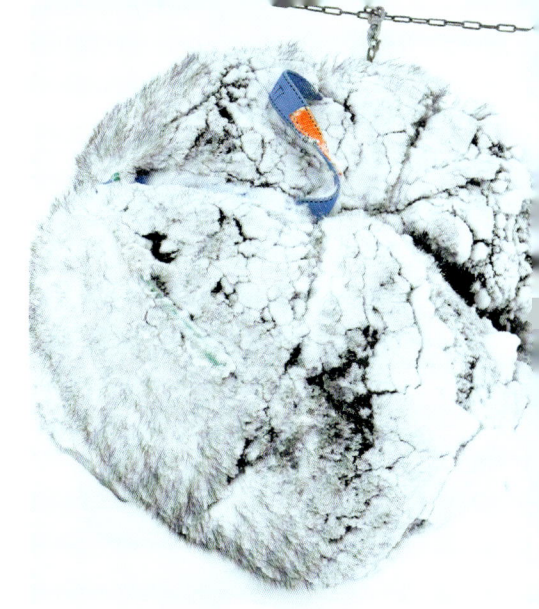

Peitsche. Der Umgang mit ihr muss geübt sein. Die sechs oder sieben Meter lange Litze aus Robbenleder macht sich sonst leicht selbstständig und sorgt in ungeübten Händen für schmerzhafte Striemen bei demjenigen, der sie bedient. Hinter dem Leithund kommen an gleich langen Leinen die kräftigsten Rüden. Darunter befindet sich bei uns der »Boss«, der uneingeschränkter Herrscher im Gespann ist. Ihm zur Seite steht Rasmus, sein Adjutant, der ihn in allen Raufereien und disziplinarischen Maßnahmen unterstützt. Vor diesen beiden Rüden haben alle anderen einen gewaltigen Respekt. Wehe, wenn einer von den anderen Hunden nicht richtig zieht – bevor wir es bemerken, hat einer der beiden bereits reagiert. Die Strafe folgt auf vier Pfoten. Ein schneller Spurt, ein Biss in das dichte Nackenfell oder in den Hintern, und der Ertappte schmeißt sich ins Zuggeschirr als gelte es, sein Leben

> **Die Peitsche sorgt in ungeübten Händen für schmerzhafte Striemen bei demjenigen, der sie bedient.**

zu retten. Entsprechend ihrer Stellung im Gespann werden Marmarut und die beiden Ordnungshüter bevorzugt behandelt. Ein Umstand, den sie sichtlich genießen und der von den anderen Hunden akzeptiert wird.

Morgens beim Anspannen können die Hunde es kaum erwarten, dass es weitergeht. Sie sind dann ausgeruht, fit und voller Tatendrang. Ein massiver Schneeanker hinter dem Schlitten hindert die Hunde daran, mitsamt der Ausrüstung abzuhauen, bevor man letzte Ausrüstungsgegenstände verstaut hat. Wenn schließlich das Kommando »Hak, hak – lauf, lauf«, kommt, gibt es nichts auf der Welt, dass die Hunde in ihrer Begeisterung bremsen könnte. Sie rennen los, als wäre der Leibhaftige hinter ihnen her, und erst nach etwa 20 Minuten verfallen sie in eine Art Wolfstrab, den sie stundenlang durchhalten können. Wir laufen dabei auf Ski neben dem Schlitten her. Um diese Leistung dauerhaft zu erbringen, braucht jeder Hund jeden Tag ein Kilogramm eines hochwertigen Futters – etwa 5000 kcal. Dieses Spezialfutter, das auch sämtliche erforderlichen Mineralien und Vitamine für den Hundeorganismus enthält, wird eigens für die Polarhunde in Dänemark gefertigt. Wir selbst benötigen etwa 4500 kcal pro Person pro Tag. Morgens gibt es eine Müslimischung, angereichert mit einem Nahrungsergänzungsmittel. Tagsüber erhält jeder einige Energieriegel, die er nach Bedarf verzehrt. Abends wird dann »richtig« gekocht. Zunächst gibt es heiße Instantbrühe, angereichert mit Pemmikan, einer sehr nahrhaften Fleischpaste. Die Brühe löscht den Durst, sie ist salzig und wärmt zugleich. Dazu gibt es in Fett gebackene Biskuits. Danach folgt das Hauptgericht: Chili con Carne etwa, Bœuf Stroganoff, Ungarischer Reistopf oder Huhn in Curry – alles gefriergetrocknet. Wir essen mit Heißhunger. 22 Tage sind wir seit dem Aufbruch von Qaanaaq unterwegs. Die Sonne geht schon lange nicht mehr unter, trotzdem bleibt es kalt. Die Temperatur liegt immer noch bei –30 °C.

▲ **Während eines Schneesturmes rollen sich die Hunde zusammen, stecken ihre Nase unter den Schwanz und verschlafen das Unwetter. Wir können nur neidisch auf die Tiere blicken. Ohne Zelt und Ausrüstung würden wir erfrieren.**

Unsere Gesichter sind vom Frost und von der Sonne verbrannt. Zerfurchte Klippen des Inglefield Land säumen den Küstenverlauf. Das Packeis liegt wie die Hinterlassenschaft eines gewaltigen Erdbebens vor uns. Ein Trümmerfeld, bestehend aus tonnenschweren Eisschollen. Eispressungen haben das Eis bersten lassen und es aufgetürmt. Es ist Knochenarbeit. Einer von uns läuft ständig voraus, um die Hunde durch dieses Labyrinth zu lotsen. Der andere zerrt und schiebt den Schlitten durch die schmalen Durchlässe im Eis. Trotz der Kälte geraten wir ins Schwitzen. Zwischen den Eispressungen immer wieder neugierige Eisbären. Sie laufen weg, wenn wir uns nähern. Sie kennen keine Menschen, und die Hundemeute ist ihnen suspekt. In der Ferne sehen wir die ersten Robben auf dem Eis liegen – der Frühling naht. Menschen treffen wir nicht – woher sollten sie auch kommen? Am 28. April schwenken wir in das Kane Basin ein, dessen östliche Begrenzung der gewaltige Humboldt-Gletscher ist – der mit Abstand größte Gletscher der Nordhalbkugel. Die Ausmaße dieses Gletschers lassen sich kaum erfassen. Sie sind so gewaltig, dass man ihn kaum als Gletscher wahrnimmt, seine Abbruchkante misst 100 Kilometer. Riesige Tafeleisberge, die im letzten Sommer gekalbt sind, liegen eingefroren im Kane Basin.

Im Nordosten vom Inglefield Land liegt im Paris-Fjord die verlassene Siedlung Qaqaitsut. Ikuo hatte uns von diesem Ort erzählt und uns beschrieben, wie man ihn findet. Die Ortsbeschreibungen der Grönländer sind meist sehr präzise, sodass uns ohne genaue Koordinaten eine Punktlandung gelang. Qaqaitsut ist der nördlichste Punkt auf Erden, der jemals von den Polareskimos der Thule-Kultur ganzjährig besiedelt wurde. Die Siedlung liegt auf 81° nördlicher Breite – keine 1000 Kilometer vom Nordpol entfernt. Neben Etah im Süden gehörten noch Anoatok, das etwa 25 Kilometer nördlich von Etah liegt, sowie Inuarfissuaq, das wiederum zwischen Anoatok und Qaqaitsut liegt, zu den vier Siedlungen, die die Polareskimos dauerhaft am Smith Sound bewohnten. Qaqaitsut, das nur aus einer Ansammlung von einigen wenigen Winterhäusern bestand, bildete sozusagen die Speerspitze der grönländischen Siedlungen. Wann genau die letzten Bewohner dort fortgezogen sind, lässt sich heute nicht mehr rekonstruieren. Es muss aber bereits im 19. Jahrhundert geschehen sein. Die am nördlichsten gelegenen Siedlungen wurden vermutlich zuerst aufgegeben. Zuerst also Qaqaitsut, danach als zweite Siedlung Inuarfissuaq. Anoatok wurde Anfang des 20. Jahrhunderts berühmt, weil Dr. Frederick Cook die kleine Siedlung als Basis für seine Nordpolexpedition ausgewählt hatte. Anoatok war zu diesem Zeitpunkt – immerhin noch Anfang des 20. Jahrhunderts – zumindest zeitweilig bewohnt. Kurz danach wurde auch diese Siedlung aufgegeben. Etah folgte 1953. Alle diese Siedlungen wurden von der Thule-Kultur errichtet, deren Einwanderung etwa um 1200 n. Chr. in mehreren Schüben erfolgte. Die letzte Einwanderungswelle nach Grönland fand 1860 statt. Ob die genannten Siedlungen damals noch alle bewohnt waren, ist nicht überliefert. Die noch früheren Einwanderer der Independence-I-und-II-Kultur, die sogar an der Nord- und Nordostküste Grönlands gesiedelt hatten, waren zwischenzeitlich wieder ausgestorben.

Mitte der Achtzigerjahre des 20. Jahrhunderts gab es noch einmal den Versuch, zumindest im Sommer die nördlichen Siedlungen zu bewohnen. Einige Familien aus der Qaanaaq-Region zogen für einige Monate nach Qaqaitsut, um dort zu leben und zu jagen. Eines der Häuser stammt ganz offensichtlich nicht aus der Thule-Kultur. Es ist aus Sperrholz gebaut, eindeutig neueren Datums. Es liegen alte Ölfässer herum, in den Hütten finden wir Zivilisationsmüll: leere Plastikflaschen, verrottete Kleidung, Stiefel, Zeitschriften und verrostete Campingausrüstung – alles offenbar aus den Achtzigerjahren.

Die Vorstellung, dass Menschen hier tatsächlich ganzjährig gelebt, ihre Kinder geboren und ihre Toten bestattet haben, ist kaum zu begreifen. Bei monatelanger Dunkelheit, brutaler Kälte und orkanartigen Stürmen. Anoatok bedeutet »vom Wind geliebter Ort«. Das

Ein gigantischer Eisberg, der sich letzten Sommer vom Humboldt-Gletscher gelöst hat, liegt eingefroren im Eis. In seinem Windschatten hat sich weicher Schnee angesammelt, durch den die Hunde die schweren Schlitten ziehen.

gilt für die ganze Region und sicher auch für Qaqaitsut. Die Menschen lebten nicht kurzfristig hier, sondern über Jahrhunderte hinweg. Einzige Licht- und Wärmequelle waren die
Tranlampe, die aus einem Docht aus Moos und verflüssigtem Robbentran bestand, der in
einer kleinen Steinschale schwamm. Man lebte von dem, was das Land hergab – das war
im Winter nicht viel. Es gibt wohl kein Volk auf Erden, dass so harsche und lebensfeind-
liche Bedingungen zu erdulden hatte wie die Polareskimos, und trotzdem
überlebten sie. Man muss einmal neben den Torfsodeniglus gestanden haben – von einer Siedlung zu sprechen wäre geradezu vermessen –, um zu
begreifen, was es bedeutet, hier sein Leben verbringen zu müssen. Auch
das Siedlungsprojekt aus dem Ende des vorigen Jahrhunderts wurde schnell
wieder aufgegeben. Seither kommt niemand mehr her. Der Weg ist zu weit
und zu beschwerlich.

Anoatok bedeutet »vom Wind geliebter Ort«.

Unsere Hundefamilien halten uns auf Trab. Irgendetwas gibt es immer zu tun. Schnee-
kügelchen bilden sich zwischen den Pfoten, das ist schmerzhaft für die Tiere. Also ist Pediküre angesagt. 84 Hundepfoten werden mit der Nagelschere von überflüssigen Fellresten
befreit und dann mit einer besonderen Salbe die Ballen eingerieben. Die Hunde finden das
toll und werfen sich schon auf den Rücken, wenn wir uns ihnen mit dem Cremetopf nähern.
Blacky hat zudem eine Ohrenentzündung bekommen und darf auf dem Schlitten mitfah-
ren. Behandelt wird er mit einem Antibiotikum, das schnell anschlägt. Zwei Tage später
läuft er schon wieder im Gespann mit den anderen Hunden, als wäre nichts gewesen. Lippe, den wir wegen seiner eigenartig geformten Unterlippe so getauft hatten, hat sich bei
einer Beißerei eine tiefe Bauchverletzung eingehandelt. Das ist eine ernste Verletzung,
die uns Sorge bereitet. Ich überlege, die Wunde zu nähen, habe aber Angst, dass dadurch
Schmutz und Haare in die Wunde geraten und zu einer Entzündung führen könnten. Also
lassen wir die Wunde offen, desinfizieren sie mehrfach täglich und schmieren sie mit einer
Wundcreme ein. Außerdem gibt es für Lippe sozusagen prophylaktisch täglich eine Pille
eines Breitbandantibiotikums. Ansonsten hat Lippe frei und muss nicht arbeiten. Da er
nicht auf dem Schlitten reisen mag, läuft er frei nebenher. Weglaufen würde er nicht. Im
Gegenteil, abends kommt er zu uns. Lässt sich an die Kette legen, um anschließend ge-
duldig seine Behandlung über sich ergehen zu lassen. Der Hund hat absolutes Vertrauen
zu uns und hält still, was immer wir auch mit ihm machen. Nach acht Tagen ist Lippe so
weit wiederhergestellt, dass er wieder mit den anderen Hunden laufen kann. Anfangs ist
er noch etwas vorsichtig und verhalten, aber kurz darauf genauso engagiert dabei wie vor
seiner Verletzung. Die Selbstheilungskräfte der Tiere sind enorm.

▲ Die morgendliche Pediküre.
Vor dem Aufbruch untersuchen wir
die Pfoten der Hunde auf Verletzungen. Wir cremen sie zudem
vorsorglich mit einem Pfoten-
balsam ein. Die Tiere lieben das
und werfen sich schon auf den
Rücken, wenn sie uns mit dem
Cremetopf kommen sehen.

▲▶ Schneesturm auf
dem Humboldt-Gletscher.
Nichts geht mehr.

Tagelang reisen wir an der gewaltigen Abbruchkante des Humboldt-Gletschers entlang. Es ist anstrengend und großartig zugleich. Wir fahren durch ein Labyrinth aus Eiskastellen und bizarren Formationen – als hätte ein Bildhauer Hand angelegt. Dort, wo der Gletscher im Norden endet, beginnt das Washington Land – der nördlichste Punkt unserer Expedition. Wir gönnen den Hunde eine verdiente Ruhepause und unternehmen Tagesausflüge, um dieses einsame Land zu Fuß zu erkunden. Nördlich vom Washington Land liegt der Petermann-Gletscher, der in den letzten Jahren infolge des Klimawandels große Eistafeln abgestoßen hat und damit zurzeit schwer begehbar ist. Ursprünglich hatten wir vorgehabt, bis zum Petermann-Gletscher zu fahren, aber wegen der unsicheren Eislage verzichten wir auf ihn.

Am 6. Mai machen wir uns auf den Rückweg. Zum zweiten Mal im Verlauf der Expedition beginnen wir mit dem mühseligen Aufstieg zum Inlandeis. Dieses Mal über den nördlichen Ausläufer des Humboldt-Gletschers. Am ersten Tag des Aufstiegs kippt das Wetter. Die ersten Frühjahrsstürme brechen mit aller Macht über uns herein und begleiten uns die nächsten Tage. Mühsam kämpfen wir uns im tiefen Neuschnee den gewaltigen Gletscher zum Inlandeis hinauf. Heftige Schneetürme nageln uns in unseren Zelten fest. Erst am 11. Mai erreichen wir eine Höhe von 920 Metern. Von hier aus geht es südwärts. Im Westen sieht man den Humboldt-Gletscher sich in sanften Schwüngen zur Küste hin neigen, während in alle anderen Himmelrichtungen unendliche Weite vorherrscht. Wir bewegen uns wie ein Schiff auf hoher See. Am 24. Mai erreichen wir wieder den Mehan-Gletscher. Die steilen, eisigen Hänge, die wir mit Ikuo und Qidlugtooq 40 Tage zuvor aufgestiegen sind, müssen wir jetzt bergab allein bewältigen. Es ist ein halsbrecherisches Unterfangen. An

▲ Die Siedlung Qaqaitsut im Paris-Fjord ist die nördlichste Siedlung, die von der Thule-Kultur besiedelt worden ist. Das Dorf wurde vermutlich schon im frühen 19. Jahrhundert aufgegeben. Einige der Häuser stehen noch heute.

▲▲ Ein Eisbär wandert entlang einer Moräne und beobachtet uns dabei sehr genau. Zwischenfälle gibt es keine, dafür haben wir zu viele Hunde dabei.

▲ Marmarut, unser Leithund. Er ist nicht der stärkste Hund – aber mit Abstand der intelligenteste.

besonders steilen Hängen mit 45° Neigung baue ich eine Sicherung, um die Schlitten mit einem Bergseil kontrolliert in der Vertikalen abrutschen zu lassen. An anderer Stelle sitzen wir wie Rodeoreiter auf dem Schlitten, um ihn durch die Eisplatten und Spaltenzonen zu lenken. 16 Stunden sind wir durchgehend auf den Beinen, dann lagern wir schließlich erschöpft wieder am Fuß des Gletschers. Wir haben es geschafft. Es bleibt nur wenig Zeit. Es ist der 26. Mai, überall bricht das Eis auf, taut der Schnee. Der Frühling ist da.

Wir lösen unser Versprechen, das wir Ikuo bei unserem Abschied in der Rensselaer-Bucht gegeben haben, ein und besuchen ihn in Siorapaluk, um zu berichten. Die Nachricht über unsere Ankunft eilt uns voraus. Als wir das Dorf erreichen, stehen Ikuo und Qidlugtooq bereits auf dem Eis und erwarten uns. Die Wärme und Freundlichkeit, mit der wir von den Jägern empfangen werden, rührt uns. Man traut den Männern diese Emotionalität irgendwie nicht zu. Zwei Robben liegen bereit – für unsere Hunde, wie Ikuo sagt. »Die müssen jetzt endlich mal wieder etwas Vernünftiges zu fressen bekommen«, meint er mit einem Augenzwinkern. Von unserer Spezialnahrung für Hunde hält er nicht viel – obwohl er zugeben muss, dass die Hunde ungleich fitter und gesünder aussehen als zu Anfang der Expedition. So regelmäßig wie bei uns werden die Hunde bei den Grönländern meist nicht gefüttert. Mit einem einzigen Blick haben die Männer erfasst, dass die Expedition glücklich verlaufen ist – trotz des schwierigen Geländes. Alle 21 Hunde sind gesund und fit, wir selbst sind es auch, lediglich ein paar Kilo leichter. Aber das ist normal.

»Hab ich doch gleich gesagt, dass das eine nette Reise wird«, sagt Ikuo. Man hält den Ball flach. Nur nicht übertreiben oder sich und andere zu wichtig nehmen. »Ja«, bestätige ich, »eine schöne Reise.« Und besondere Vorkommnisse – eigentlich keine. Gewiss, der Aufstieg zum Humboldt-Gletscher war nicht einfach, der Abstieg vom Inlandeis war es auch nicht, aber alles ist gut. Wir hören, dass die Jäger bei ihrer Rückfahrt von der Jagdhütte zurück nach Siorapaluk in einen schweren Sturm geraten sind und sich sogar leichte Erfrie-

rungen zugezogen haben. »Ja, ja, aber jetzt ist Frühling und wir können wieder mit dem Boot fahren und in den Klippen die Vögel fangen, um neuen Kiviaq anzusetzen.« Die Welt ist in Ordnung. Alles, was wir an Ausrüstung nicht mehr benötigen, schenken wir den Jägern. Schon am nächsten Tag müssen wir weiter. Das Meer ist offen, und auch das Küsteneis bricht nahezu stündlich weiter auf. Wir können ohnehin fast nur noch auf dem Eisfuß fahren. Darunter versteht man eine Art Eisrampe, ähnlich einem an den Klippen festgefrorenen, schmalen Eisbalkon, der durch die wechselnden Gezeiten während des Winters entstanden ist. »Wie lange der denn wohl noch halten wird?«, hatte ich besorgt Ikuo befragt. »So genau wissen wir das auch nicht, aber lange kann der nicht mehr halten!«, war seine lakonische Antwort. Mit einem mulmigen Gefühl machen wir uns auf den Weg, um die letzte Etappe nach Qaanaaq zu bewältigen. Mit leichten Schlitten und ausgeruhten Hunden sind wir schnell unterwegs.

Am 27. Mai, nach 48 Tagen und insgesamt rund 800 Kilometern sowie zweimaligem Überqueren des Inlandeises, erreichen wir Qaanaaq, wo wir ebenfalls gespannt erwartet werden. Die Trainingsphase mit eingerechnet, leben wir seit 60 Tagen im Eis. Der schwerste Moment der ganzen Expedition steht uns aber erst bevor – die Trennung von den Hunden. Zum Glück geht es schnell. Die Besitzer nehmen ihre Hunde in Empfang, kaum dass wir Zeit haben, uns von ihnen zu verabschieden. Die Hunde werden genau untersucht – dann geht der Daumen anerkennend hoch. Alles in Ordnung. »Euch geben wir wieder Hunde«, sagt uns der eine Hundebesitzer. Zwei Monate lang haben wir Tag und Nacht mit den Tieren zusammengelebt, haben Stürme und Eisbrüche gemeinsam gemeistert, haben mit ihnen gesprochen, gelitten, geschmust. Sie gehören irgendwie zu uns wie die Kleidung, die wir tragen. Aber es geht nicht anders – so schwer es auch fällt. Wir können sie nicht mitnehmen, und hier bleiben können wir auch nicht. Alle 21 Hunde gehören hierher. Auf sie warten neue Aufgaben – und auf uns auch!

▲ **Die Eisbrüche des Humboldt-Gletschers stellen uns vor enorme Schwierigkeiten, zudem alle Zeichen auf Sturm stehen.**

Grönland und der Nordpol

Die Eroberung des Nordpols ist untrennbar mit dem Nordwesten Grönlands verbunden. Die ersten Europäer, die den Norden Grönlands erreichten, waren vermutlich die Wikinger. Nachweise dafür gibt es nicht. Allerdings haben Archäologen Siedlungsreste der Wikinger am Alexandra-Fjord auf Ellesmere Island gefunden. Da die Wikinger vermutlich an der grönländischen Küste entlang nach Norden gesegelt sind, bevor sie Ellesmere Island erreichten, werden sie auch die Region um Etah zumindest kurzfristig besucht haben. Aber das ist eine Mutmaßung. Überliefert hingegen ist der Besuch der Briten William Baffin und Robert Bylot. Das war im Jahre 1616. Diese außerordentlich bemerkenswerte Expedition − bedenkt man einmal, mit welchen Mitteln die Forscher damals unterwegs waren − gelangte bis zum Kap Alexander, das den Eingang zum Smith Sound markiert. Baffin und Bylot waren mit ihrem Schiff »Discovery« auf der Suche nach der Nordwestpassage und entdeckten tatsächlich den Sund, den sie nach einem Thomas Smith benannten. Der Sund führte schnurgerade nach Norden, und sie befanden sich in unmittelbarer Nähe zu Etah. Zu einer Begegnung mit den Inughuit kam es allerdings nicht. Tat-

> ## Die nächsten Europäer, die sich so weit in den Norden wagten, waren Walfänger.

sächlich hatten sie einen der Wege nach Norden gefunden, den auch spätere Nordpolforscher immer wieder nutzten. Allerdings glaubte man Baffin und Bylot nach ihrer Rückkehr von der Expedition anfangs nicht. Zu unwahrscheinlich schien ihre Entdeckung zu sein. Im Jahr 1818 segelte der bereits erwähnte John Ross mit den Schiffen »Isabella« und »Alexander« nach Norden. Ihm waren die Entdeckungen Baffins und Bylots bekannt. Allerdings schätzte er im Gegensatz zu Baffin und Bylot den Smith Sound falsch ein. Er glaubte, lediglich eine große Bucht anstatt einer Durchfahrt nach Norden zum arktischen Ozean vor sich zu haben. Am 78. Breitengrad kehrte er um. Eine Fehleinschätzung, wie man heute weiß. Auf dieser Reise, die vor fast 200 Jahren stattfand, kam es am 10. August 1818 zu der denkwürdigen ersten Begegnung mit den Polareskimos.

Die nächsten Europäer, die sich so weit in den Norden wagten, waren Walfänger − meist aus Schottland. Den Entdeckungen der Walfänger zollte niemand so richtig Tribut, zumal sie nur selten publiziert wurden. Sie waren ja »nur« Walfänger, ohne offiziellen Auftrag von König und Admiralität. Einer von ihnen − William Scoresby, von dem später noch die Rede sein wird − war ein genialer Entdecker, Seefahrer und Kartograf. Und so ganz nebenbei auch noch ein erfolgreicher Walfänger. Doch das interessierte damals nur wenige. Die staatlich sanktionierten Expeditionen, die voll des Pathos für König und Vaterland aufbrachen und so häufig in der Katastrophe endeten,

◀ Der Walfänger »Maud« aus Dundee etwa um 1890 in Nordwestgrönland. Die Schiffe waren enorm stark gebaut und konnten dadurch auch im dichten Eis fahren. Trotzdem gingen immer wieder Schiffe durch Eispressungen verloren. Die Walfänger gingen große Risiken ein, um ihre Jagd erfolgreich zu gestalten, und waren zu jener Zeit die erfahrensten Eismeerkapitäne, die es gab.

zogen die Aufmerksamkeit der Öffentlichkeit auf sich. Sie waren die Helden jener Zeit. Nicht nur die Briten, auch die Amerikaner konzentrierten sich auf den Smith Sound. Die Expedition von Elisha Kent Kane 1853 bis 1855 überwinterte mit ihrem Schiff »Advance« in der Rensselaer-Bucht – unweit der Stelle, wo wir mit Ikuo und Qidluqtooq die Jagdhütte aufgesucht hatten. Es war eine jener groß angelegten Expeditionen, die im Grunde genommen gute Arbeit leistete, aber an den zwischenmenschlichen Problemen zerbrachen. Die Expeditionsmannschafft war heillos zerstritten. Es bildeten sich unterschiedliche Gruppierungen, die sich verselbstständigten und desertierten. Die Klassenvorurteile, die damals vorherrschten, erwiesen sich jetzt als Fluch. Die Männer waren auf Gedeih und Verderb aufeinander angewiesen. Anstatt enger zusammenzurücken und Probleme gemeinsam zu lösen, intrigierten und stritten sie. Die Arktis macht keinen Unterschied zwischen gesellschaftlichen Klassen oder Ethnien. Was zählt, sind Teamgeist, Anpassungsfähigkeit und die Bereitschaft, alle individuellen Fähigkeiten zu bündeln und in den Dienst der Sache zu stellen. Eitelkeiten oder Animositäten wirken kontraproduktiv. Dr. Isaac Hayes war als junger Arzt auf der Expedition von Kane an Bord der »Advance«. Zwischen den beiden Männern kam es zum Eklat. Hayes desertierte zusammen mit einigen Mitgliedern

▼ Im Jahre 1830 froren 50 Walfangschiffe in der Melville-Bucht ein. 19 Schiffe wurden Opfer der Eispressungen. Die Schiffbrüchigen retteten sich übers Eis auf andere Schiffe – nicht ohne sich zuvor von den sinkenden Schiffen mit reichlich Schnaps versorgt zu haben. Dementsprechend soll die Stimmung trotz der Katastrophe gut gewesen sein.

der Mannschaft. Er nahm zwei Boote sowie ausreichend Proviant und Ausrüstung mit, um damit Richtung Süden zu fahren. Anfangs kamen sie gut voran, doch dann wendete sich das Blatt. Die schwierigen Eisverhältnisse und die häufigen Stürme ließen sie viel langsamer vorankommen als erwartet. Schließlich ging ihr Proviant zur Neige. Entkräftet bauten sich die Abtrünnigen eine Notunterkunft, in der sie dahinvegetierten, ohne jede Perspektive oder Chance auf Rettung. Wären nicht einmal mehr die Inughuit zu Hilfe geeilt, hätte keiner von ihnen überlebt. Als einige Inughuit zufällig auf das Lager von Hayes und seinen Männern trafen, lockten diese die Inughuit in ihre provisorische Behausung und betäubten sie mit Opium, das Hayes ihnen verabreichte.

Als die beiden Inughuit eingeschlafen waren, entkleideten die Männer sie und ließen sie bei −15 °C bewusstlos in der Behausung zurück. Eigentlich ein Todesurteil – oder besser gesagt ein Mordversuch. Sie bemächtigten sich der Hundegespanne der Grönländer und hofften, damit den Weg zurück zur »Advance« zu bewältigen.

Die Hunde gehorchten ihnen nicht, und sie kamen kaum voran.

Den Plan, eine Siedlung im Süden zu erreichen, hatten sie aufgrund der fortgeschrittenen Jahreszeit offenbar aufgegeben. Allerdings war den Männern der Umgang mit den grönländischen Hunden fremd. Die Hunde gehorchten ihnen nicht, und sie kamen kaum voran. Als die Inughuit aus ihrem Tiefschlaf erwachten und die Hinterlist erkannten, machten sie sich nahezu unbekleidet an die Verfolgung und holten die Männer mit den gestohlenen Hundegespannen schnell ein. Man muss sich die Zähigkeit der Inughuit vorstellen – unbekleidet, bei beißender Kälte und zahlenmäßig den Weißen hoffnungslos unterlegen. Dennoch gaben sie nicht auf. Diese Demonstration der Willensstärke ließ die Moral der Deserteure endgültig zusammenbrechen. Warum die Inughuit ihre Peiniger am Leben ließen statt sie der Kälte und dem Hungertod zu überlassen, ist nicht überliefert – aber ein deutlicher Hinweis auf den Großmut dieser Menschen. Mehr noch, sie führten die verzweifelten Männer sogar zurück zum Schiff. Es muss Kane eine innere Genugtuung verschafft haben, dass er dem abtrünnigen Hayes am nächsten Tag drei erfrorene Zehen amputieren musste.

Hayes ging nach seiner Rückkehr in die Vereinigten Staaten eigene Wege. Er schien aus den Fehlern gelernt zu haben. Die Inughuit, denen er zweifelsohne sein Leben verdankte, setzte er auf einer neuen Expedition geschickt für seine Zwecke ein. Gleichzeitig verachtete er sie, verglich sie mit seinen Hunden und bezeichnete sie als »menschliche Tiere«. Die Polareskimos waren für ihn die Vertreter einer minderwertigen Klasse. Im Amerika des 19. Jahrhunderts war diese Geisteshaltung durchaus normal. Alles, was nicht weißer Abstammung war, betrachtete man als minderwertig. Dazu zählten die schwarzen Sklaven ebenso wie die nordamerikanischen Indianer, die in einem gezielten Vernichtungskrieg systematisch dezimiert und in Reservaten eingepfercht wurden. Hayes ließ sein Schiff, die »United States«, 1860 bei Etah überwintern und nutzte es als Basislager für eine Hundeschlitten-Expedition nach Norden. Aber auch hier lief nicht alles nach Plan. Die Hunde starben an einer Seuche, und der deutsche Geodät August Sonntag kam unter mysteriösen Umständen während eines Ausflugs ums Leben. Sein Grab ist heute noch in der Nähe von Etah zu sehen.

Immerhin gelang es Hayes aber diesmal, den Smith Sound zu queren und Ellesmere Island zu erreichen. Dort folgte er der Küste nordwärts und erreichte seinen eigenen Angaben nach am 19. Mai 1861 den damals nördlichsten Punkt, den Weiße bis dahin erreicht hatten. Seiner Aussage nach drehte er erst auf 81°35′ N um. Diese Angaben wurden im Nachhinein aber bezweifelt, da die Beschreibung dessen, was er angeblich gesehen hatte, nicht mit den geografischen Gegebenheiten übereinstimmen. Wie auch immer – Hayes glaubte, am Ziel seiner Suche zu sein. In epischer Breite berichtete er vom offenen Polarmeer, das sich seinen Angaben nach bis zum Horizont erstreckte, und bediente damit die damals kursierenden Gerüchte von einem offenen und schiffbaren Polarmeer.

Auch die nächste amerikanische Expedition sollte an der grönländischen Nordwestküste ihre Basis aufschlagen. Charles Francis Hall segelte mit der »Polaris« nach Norden mit keinem geringeren Ziel als den Nordpol zu erreichen. Die »Polaris« gelangte bis auf 82°11′N – so weit wie kein anderes Schiff zuvor. Er wollte bei günstigen Verhältnissen noch weiter nach Norden segeln, aber der Kapitän des Schiffes weigerte sich vehement. Im nach dem Expeditionsleiter benannten Hall Land, auf 81°37′N, überwinterte das Schiff samt Mannschaft in einer Bucht, der sie den Namen Thank God Harbor gaben. Unter der Mannschaft der »Polaris« befand sich auch der deutsche Arzt Emil Bessels. Hall und Bessels machten keinen Hehl daraus, dass sie sich nicht leiden konnten. Als Hall von einer langen und strapaziösen Erkundungsfahrt nach Norden zurück an Bord der »Polaris« kam, verlangte er nach einem Kaffee. Hall war müde von der anstrengenden Reise, aber ansonsten offenbar in einer guten körperlichen Verfassung. Nach dem Genuss des Kaffees wurde ihm plötzlich schlecht, und er musste sich heftig übergeben. Kurz darauf bekam er Fieber, delirierte und war kaum noch ansprechbar. Bessels in seiner Eigenschaft als Arzt wich nicht mehr von seiner Seite. In seinen wachen Momenten warf Hall Bessels vor, ihn zu vergiften. Andere kosteten die Speisen daraufhin, die Hall serviert wurden, bevor dieser sie zu sich nahm. Bessels verabreichte Hall angeblich Chinin-Injektionen zur Linderung der Symptome. Am 8. November verschlechterte sich sein Zustand plötzlich. Kurz darauf verstarb Hall. Der Verdacht, dass Bessels Hall vergiftet hatte, machte die Runde. Letztlich konnte er aber nicht bewiesen werden. Erst im Jahre 1968, 97 Jahre nach dem Tod Halls, reiste eine Expedition unter der Leitung von Chauncey Loomis zum einsamen Grab von Hall und exhumierte ihn. Der Leichnam war im Dauerfrost gut erhalten. Die Pathologen entdeckten eine außergewöhnlich hohe Dosis Arsen im Körper. Kein Zweifel, Hall war offenbar wirklich vergiftet worden. War Bessels der Mörder? Die Gerüchte schienen das zu bestätigen, aber Gewissheit gab es nicht.

Auch nach Halls Tod blieb die Gruppe zerstritten. Als die »Polaris« auf der Höhe von Etah in einen schweren Sturm geriet, schien das Schiff ein Opfer der Eispressungen zu werden.

In einer ersten aufkeimenden Panik entschloss sich ein Teil der Mannschaft dazu, sich mit Proviant, Ausrüstung und einem Boot über das Eis in Sicherheit zu bringen. Von diesem Moment an war die Expeditionsmannschaft voneinander getrennt.

Die an Bord des Schiffes verbliebene Mannschaft gelangte nach einer langen Drift im Packeis mit dem Schiff schließlich in die Live Boat Cove, wo es in unmittelbarer Nähe zu Littleton Island strandete. Im Jahre 2009 sind wir mit der »Dagmar Aaen« in dieser Bucht gewesen. Wir haben sie nach wenigen Stunden fluchtartig wieder verlassen, da immer wieder Eisfelder hineintrieben und das Schiff in Bedrängnis brachten. Aus den Wrackteilen bauten sich die 14 Schiffbrüchigen eine Hütte. Wenn es ihnen damals gelang, den Winter zu überleben, dann war das wieder einmal ein Verdienst der Inughuit.

Sie kümmerten sich um die Schiffbrüchigen, versorgten sie mit Nahrung und nähten sogar Kleidung für sie. Gedankt wurde ihnen das nicht. Im Gegenteil. Bessels kommandierte sie in herrischem Ton herum. Anstatt ihnen Ausrüstungsgegenstände wie Werkzeuge, Messer, Holz und Metall zu überlassen, die für die Inughuit einen großen Wert darstellen, packten die Weißen alles Brauchbare in zwei Rettungsboote und machten sich im Sommer 1873 auf den Weg nach Süden. In der Nähe von Kap York wurden sie schließlich von schottischen Walfängern gerettet. Aber der Ruf der Weißen war nachhaltig ruiniert. Die rüden Umgangsformen der »Polaris«-Mannschaft hatten einen denkbar schlechten Eindruck bei den Inughuit hinterlassen. Das Ansehen der Weißen, der Respekt, den man ihnen anfangs gezollt hatte, die Hilfsbereitschaft, waren zerstört.

> Aus den Wrackteilen bauten sich die 14 Schiffbrüchigen eine Hütte.

Die Gruppe Schiffbrüchiger, die die »Polaris« zu Beginn der Eispressungen verlassen hatte, driftete auf einer immer kleiner werdenden Eisscholle den ganzen Winter hindurch bis vor die Küste von Labrador. Dort wurden sie Ende April 1873 von einem Robbenfänger in letzter Minute gerettet. Den nächsten Tag hätte ihre Eisscholle nicht mehr überstanden. Auch hier verdankten die Schiffbrüchigen ihr Überleben ausschließlich den sie begleitenden Grönländern. Ohne ihre Überlebensstrategie im Eis, ohne ihre Jagdkünste, die zugleich auch den wichtigen Tran für die Lampen hervorbrachten, sowie die von ihnen gebauten Iglus hätten sie den arktischen Winter niemals überlebt.

In den heroisch anmutenden Berichten über die Polarexpeditionen wird die tragende Rolle der Inughuit fast immer unterschlagen. Dabei waren sie letztlich diejenigen, die größere Katastrophen verhinderten oder erfolgreiche Expeditionen überhaupt erst ermöglichten. Aber dieses Bild passte nicht in das selbstgefällige Marketingkonzept der alten Pioniere.

So war es auch bei den großen Kontrahenten Robert Edwin Peary und Dr. Frederick Cook. Bis zum heutigen Tag streiten sich die jeweiligen Anhänger darüber, wer von beiden zuerst den Nordpol erreicht hat. Wenn überhaupt einer der beiden jemals am Pol war. Zweifel sind hier durchaus angebracht. Cook reklamierte für sich, als erster Mensch den Pol am 21. April 1908 erreicht zu haben – ein Jahr vor Peary. Cooks Expedition, die er mit den zwei Grönländern Ahmelah und Etukishook durchgeführt hat, ist mit Sicherheit eine der bemerkenswertesten Polarexpeditionen der damaligen Zeit. Im Verlauf der Expedition hatte Cook zusammen mit den beiden Inughuit am Cape Sparbo auf der kanadischen Devon-Insel in einer Erdhöhle überwintert. Erst nach 14 Monaten kamen sie 1909 völlig ausgehungert und entkräftet wieder in Anoatok an, wo Cook sein Basislager eingerichtet hatte. War er damit seinem ehemaligen Expeditionsleiter und jetzigem Kontrahenten Robert Peary in spektakulärer Weise zuvorgekommen? Cook verlor keine Zeit und machte sich sofort von Anoatok auf die Rückreise Richtung Süden, um der Weltöffentlichkeit seinen Erfolg zu vermelden. Peary ahnte zu diesem Zeitpunkt noch nichts. Er hatte bis dahin insgesamt acht Expeditionen in 23 Jahren unternommen, um zu seinem Lebensziel, dem Nordpol, zu gelangen. War er gescheitert?

Während der Expedition »Icewalk« sind wir vom kanadischen Cape Columbia in 56 Tagen zu Fuß zum Nordpol gelaufen. Dieses Foto entstand im Verlauf der Expedition. Peary startete ebenfalls vom Cape Columbia.

Cook und Peary
Erbitterte Kontrahenten

Robert Edwin Peary war ein Besessener. Sein erklärtes Lebensziel: als erster Mensch am Nordpol stehen. Um dieses Ziel zu erreichen war er bereit, alles andere bedingungslos unterzuordnen. Insgesamt acht Expedition und 23 Jahre seines Lebens investierte er dafür. 1898 brach er zu seiner ersten Expedition nach Grönland auf. Begleitet wurde er dabei unter anderem von seiner Frau Josephine sowie dem Arzt Dr. Frederick Cook. Mit eisernem Willen überquerte Peary erstmals das grönländische Inlandeis im Norden und wies damit den Inselcharakter Grönlands nach. Anders als seine Vorgänger, erkannte Peary die große Kompetenz der Inughuit und gewann sie als Verbündete. Peary war ein charismatischer Mann, dem es leichtfiel, Menschen für sich und seine Vorhaben einzunehmen. Das galt im heimischen Amerika genauso wie im fremden Grönland. Die Grönländer schätzten und respektierten ihn. Er entlohnte sie für ihre Dienste mit Gerätschaften und Jagdgewehren, die für ihn einen geringen, für die Polareskimos aber einen erheblichen Wert darstellten. Peary war ein Workaholic, was sich allein anhand der Anzahl von Vorträgen zeigen lässt, die er im Jahre 1893 in den USA hielt: an 96 Tagen waren es 168 Reden, um die Mittel für eine neue Expedition aufzutreiben. Weder schonte er sich noch sein Umfeld. Alle, Josephine eingeschlossen, mussten sich seinem Ziel unterwerfen. Die deutschstämmige Josephine Peary, geborene Diebitsch, unternahm ihrerseits alles, um ihren Mann in seinem Bestreben zu unterstützen. Zweimal begleitete sie ihn auf seinen Expeditionen, beim zweiten Mal war sie sogar hochschwanger und gebar während der Überwinterung ihre Tochter Ahighito. Beim dritten Mal fuhr sie ihrem Mann hinterher, um ihn heimzuholen; Peary galt als überfällig und krank. Vom Eis eingeschlossen, musste die »Windward«, auf der sich Josephine Peary befand, unfreiwillig vor Pim Island im Smith Sound überwintern. Dabei erfuhr sie, dass ihr

> **Von 1898 bis 1902 lebte Peary durchgängig bei den Inughuit.**

Mann offenbar ein Doppelleben führte: Mit an Bord der »Windward« war die Grönländerin Aleqasina, mit der Josephines Mann damals bereits einen gemeinsamen Sohn hatte. Später kam noch ein zweiter hinzu. Für Josephine Peary brach eine Welt zusammen. In einem Brief schrieb sie ihrem Mann: »Du wirst überrascht, vielleicht wütend gewesen sein, als du gehört hast, dass ich mit dem Schiff komme (...), aber glaube mir, wenn ich gewusst hätte, wie die Dinge stehen, wäre ich nicht gekommen.« Am Ende verzieh sie ihm und baute sogar zu Aleqasina und dem Kind ein geradezu freundschaftliches Verhältnis auf. Von 1898 bis 1902 lebte Peary durchgängig bei den Inughuit. Peary wurde geradezu Opfer des von ihm in der Heimat selbst aufgebauten Erfolgdrucks. Er traute sich ohne Vollzugsmeldung nicht mehr nach Hause. Selbst als sich Peary bei einem weiteren Versuch, den Nordpol zu erreichen, sieben Zehen erfror, die amputiert werden mussten, zog er es vor, im Norden zu bleiben. Nicht nur Josephine machte sich zu diesem Zeitpunkt große Sorgen

▶ Matthew Henson, der treue Begleiter Pearys auf all seinen Expeditionen. Henson war zehn Jahre jünger als Peary und mit ihm am Pol. Lange Zeit blieb ihm die verdiente Anerkennung in seiner Heimat verwehrt. Heute gelten er und Peary gemeinsam als die Entdecker des Nordpols.

▶▶ Der Konkurrent Dr. Frederick Cook. Cook behauptete, bereits ein Jahr vor Peary den Nordpol erreicht zu haben.

um ihren Mann. Auch die Unterstützer Pearys in den USA waren besorgt und schickten daraufhin Josephine mit der »Windward« nach Norden, um ihren Mann zurückzuholen.

In seinen diversen Versuchen, den Pol zu erreichen, hatte Peary die Strategie des Reisens perfektioniert. Generalstabsmäßig plante er seine Expeditionen und griff dabei auf das profunde Wissen der Inughuit zurück. Diese ließen sich von seinem Pioniergeist anstecken und zollten ihm Respekt. Zugleich lockte der Verdienst in Form von Jagdgewehren, Munition, Lebensmitteln und Baumaterialien. 1908 startet Peary seinen vorerst letzten Versuch, den Pol zu erreichen. Präsident Roosevelt hatte ihm die erforderliche Unterstützung zugesichert und ihm den Bau eines neuen, eisgängigen Expeditionsschiffes ermöglicht, der »Roosevelt«. Mit diesem Schiff gelangte Peary an die Nordküste Ellesmere Islands. Mit an Bord waren 20 Inughuit-Familien. Peary selbst war zu diesem Zeitpunkt bereits 53 Jahre alt und gezeichnet von den Strapazen der früheren Expeditionen. Er muss geahnt haben, dass dies sein letzter Versuch sein würde. Nach einer Überwinterung an Bord der »Roosevelt«, während der vorgeschobene Depots eingerichtet worden waren, begann am 22. Februar 1909 morgens um 10 Uhr die eigentliche Expedition. Insgesamt bestand das gewaltige Vorhaben aus 28 Schlitten, 140 Hunden, neun Grönländern und sieben Begleitern aus Pearys unmittelbarem Umfeld. Darunter befand sich sein schwarzer Begleiter Matt Henson, der ihn auf allen seinen Expeditionen begleitet hatte und der im Gegensatz zu Peary fließend Grönländisch sprach und zudem ein exzellenter Hundeführer war. Außerdem wurden sie von dem Kapitän der »Roosevelt«, Bob Bartlett, begleitet. Bartlett sollte für die zuverlässige Navigation sorgen. Vom Cape Columbia aus ging es, soweit das driftende Packeis es erlaubte, in direkter Linie Richtung Pol. In nur 53 Tagen will Peary das Ziel erreicht haben. Ich selbst bin genau die gleiche Route in 56 Tagen gelaufen – allerdings ohne Hunde, mit vergleichsweise leichtem Gepäck. Ob Peary wirklich am Pol gewesen ist oder nicht, darf bezweifelt werden. Es gibt zu viele Ungereimtheiten, wie z. B. den Umstand, dass er den Navigator, Kapitän Bob Bartlett, auf der letzten Poletappe zurückließ. Warum tat er das? Keiner seiner Begleiter, Matt Henson eingeschlossen, verstand etwas von astronomischer Navigation. Entgegen der gängigen Praxis, die Positionsbestimmungen von anderen sachkundigen Expeditionsmitgliedern überprüfen zu lassen, ließ Peary sich nicht in die Karten blicken. Als Amundsen 1911 den Südpol erreichte, verwendete er enorm viel Zeit und Sorgfalt darauf, der Nachwelt eindeutig zu beweisen und zu dokumentieren, dass er den Pol zweifelsfrei erreicht hatte. Warum also diese Geheimniskrämerei bei Peary? Nachdem er 28 Jahre seines Lebens darauf verwendet hatte, den Nordpol zu erreichen, versäumt er es – endlich am Ziel angekommen! –, einen für die Experten schlüssigen Beweis zu erbringen, dass er tatsächlich als erster Mensch den magischen Punkt erreicht hatte. Dabei häufen sich die Ungereimtheiten: Auf den letzten Etappen betrug seine Tagesleistung angeblich fast 71 Kilometer. Dabei sind die Umwege, die durch Presseisrücken und Wasserrinnen erforderlich sind, nicht berücksichtigt. Nicht eine einzige der späteren Hundeschlitten-Expeditionen zum Pol, ob von Wally Herbert, Guido Monzino oder Naomi Uemura kam auch nur annähernd an solche Tagesleistungen heran. Auch mein Freund Brent Boddy, der auf unserer Hundeschlitten-Expedition 2012 mit von der Partie war und im Jahre 1986 mit dem Amerikaner Will Steger sowie einigen anderen mit Hundeschlitten den Nordpol erreichte, legte maximal die Hälfte der Tagesetappen zurück, die Peary angeblich während seiner Gewaltmärsche bewältigt haben will. Auch ich halte diese Tagesetappen in diesem Gelände für völlig ausgeschlossen. Selbst die Navigation Pearys lässt sich schwer nachvollziehen, da die Unterlagen der Öffentlichkeit nicht zugänglich gemacht wurden und damit auch keiner kritischen Betrachtung unterzogen werden konnten. Es bleiben also Zweifel bestehen – aber die offizielle Version lautete: »6. April 1909, 90° nördlicher Breite – Stars and Stripes nailed to the Pole«.

Es muss Peary einen Stich ins Herz versetzt haben, als er auf der Rückreise mit der »Roosevelt« in Etah Station machte und dort auf den Millionär und Mäzen Cooks, Harry Whitney, traf. Von Whitney erfuhr er, dass Cook bereits am 21. April des Vorjahres den Pol erreicht hatte und sich nunmehr bereits auf dem Heimweg befand. Um einer weiteren Überwinterung zu entgehen, bat Whitney Peary, ihn an Bord der »Roosevelt« mitzunehmen. Der von der Nachricht aufgewühlte Peary gewährte ihm diese Bitte, allerdings untersagte er ihm, die von Cook in Etah zurückgelassenen Unterlagen mitzunehmen. Zusammen mit dem Kapitän der »Roosevelt«, Bob Bartlett, versteckte Whitney daraufhin die Unterlagen Cooks unter einer Geröllhalde bei Etah. Bartlett war ein Mann Pearys – und wusste fortan, wo die Dokumente Cooks verbogen waren.

Mit nur fünf Tagen Abstand verkündeten die beiden Kontrahenten ihren vermeintlichen Erfolg. Während Cook die Leistungen von Peary zu keinem Zeitpunkt anzweifelte und ihm sogar telegrafisch gratulierte, zog Peary mit aller ihm zur Verfügung stehenden Energie über Cook her und startete eine beispiellose Diffamierungskampagne. Obwohl Cook starke Fürsprecher hatte, darunter kein Geringerer als den Norweger Roald Amundsen, mit dem Cook an einer Expedition in die Antarktis teilgenommen hatte, verfing die üble Schlammschlacht. Während der Antarktis-Expedition hatte Cook große Umsicht walten lassen und sich einen Ruf sowohl als kompetenter Arzt als auch als Polarreisender erarbeitet. Auch Otto Sverdrup, der große Teile Ellesmere Islands kartografiert und erforscht hatte, zweifelte keinen Augenblick an den Aussagen Cooks. Peary selbst hatte Cook auf seine erste Expedition nach Grönland eingeladen. Da Cook allerdings für seine Dienste kein Gehalt bekam und es sich finanziell nicht leisten konnte, unentgeltlich zu arbeiten, lehnte er weitere Einladungen von Peary ab. Nur einmal noch fuhr er auf Geheiß des »Peary Arctic Club« nach Grönland, um Pearys Amputationswunden an den Füßen zu untersuchen. Peary verdankte Cook viel, verzieh ihm aber Zeit seines Lebens nicht, dass er, Cook, ihm »seinen« Pol streitig machte.

In der Analyse ist Cooks Expedition geradezu genial. Er setzte leichte Schlitten ein und führte ein Gummiboot mit, um Spalten im Eis zu queren. Zudem verfügte er über umfangreiche Nahrungsmittelvorräte. Ebenso wie Peary war Cook bei den Grönländern hoch akzeptiert. Anfangs hatte er eine Hilfsgruppe von Grönländern dabei, die für ihn Ausrüstung bis zum Polarmeer transportierten. Dort angekommen, schickte Cook die Hilfsgruppe zurück. Von da an reiste er nur mit den zwei Grönländern Aapilaq und Ittukusuk weiter. Die Strecke, die die drei zurücklegten, ist nahezu lückenlos dokumentiert und von späteren Expeditionen zumindest in Etappen nachvollzogen worden. Die leichten, flexiblen Schlitten sowie der Verzicht von unnötigem Ballast ermöglichten es den Männern, höchst

> Ob Peary wirklich am Pol gewesen ist, darf bezweifelt werden.

effizient und schnell unterwegs zu sein. 14 Monate dauerte ihre Odyssee, in deren Verlauf sie Unglaubliches leisteten. Allein dieser Teil der Expedition schlägt alles, was Peary bis dahin vollbracht hatte. Am Cap Sparbo auf der Devon-Insel mussten sie in einer Erdhöhle überwintern. Zwischenzeitlich hatten sie alle ihre Hunde gegessen und verfügten auch über keine Munition mehr, um zu jagen. Nur mit Lanzen und Schleudern erlegten sie Moschusochsen sowie kleinere Tiere und retteten sich so über den Winter. Ob sie während dieser unglaublichen Irrfahrt auch noch den Nordpol erreicht haben, lässt sich heute nicht mehr sagen. Wichtige Unterlagen Cooks sind verschwunden. Der Umstand, dass er unglücklicherweise später selbst Fotos manipulierte, ließ seine Glaubwürdigkeit in der Öffentlichkeit weiter schrumpfen. Die Verleumdungskampagnen Pearys taten ein Übriges und gingen gar so weit, dass man selbst die beiden Grönländer, die mit Cook unterwegs waren, dazu überredete, ihre Aussagen bezüglich der Expedition mit Cook zu widerrufen. Dabei hatten die beiden kurz vorher dem Forschungsreisenden Knud Rasmussen die Aussagen Cooks detailliert bestätigt. Auch die zurückgelassenen Unterlagen in Etah blieben verschwunden. Als Cook forderte, dass diese Unterlagen zur Beweisführung von den unabhängigen dänischen Behörden geborgen werden sollten, lehnten diese mit der Begründung ab, dass die Aussagen Rasmussens völlig ausreichend seien. Dennoch reisten Bob Bartlett und Whitney sowie ein Fotograf 1911 erneut nach Etah, um die Unterlagen zu bergen – oder wollten sie mögliche Beweise Cooks vernichten? Warum betrieb man solch einen Aufwand? Was auch immer die Motivation oder die Absicht dieser aufwendigen Reise gewesen sein mag – schriftliche Unterlagen wurden jedenfalls nicht zurückgebracht. Im Gegenteil, alles, was sich in dem Versteck befand, wurde verstreut und unbrauchbar gemacht. Angeblich befanden sich dort nur Kleidungsstücke, ein Sextant und andere Messinstrumente – alles »wertloses Zeug«, wie man sich ausdrückte. Wenn das stimmte – warum hatte dann Cook so nachhaltig darauf gedrungen, dass seine Unterlagen in Etah von der dänischen Regierung geborgen werden sollte? Und ist es nicht auffällig, dass diese Aussage gerade von Bartlett kam, der an Pearys Expedition maßgeblich teilgenommen hatte?

Und aus der heutigen Sicht? Peary genoss und genießt bis zum heutigen Tag Respekt unter den Inughuit, obwohl er sie letztlich nur für seine Zwecke benutzt hat. Auf einer seiner Expeditionen hatte er bei der Siedlung Savissivik Meteoriten geborgen und diese in den USA für 40 000 Dollar – damals ein Vermögen – verkauft, obwohl er genau wusste, dass diese Steine den Inughuit nicht nur heilig waren, sondern auch ihre einzige Quelle darstellten, um Klingen für Messer und Harpunen aus dem besonders harten und scharfen Meteoritengestein zu fertigen. Peary war das gleichgültig. Aber auch diesen Diebstahl verziehen ihm die Grönländer. Nach seiner letzten Expedition brach er alle Brücken nach Grönland ab. Aleqasina und ihre gemeinsamen zwei Söhne schienen für ihn wie ausgelöscht zu sein. Sie sollten nie wieder von ihm hören.
Von einer seiner Expeditionen hatte Peary sogar sechs Inughuit mit zurück nach New York gebracht, um sie dort gegen Eintrittsgelder zur Schau zu stellen. In Felle gekleidet und mit Harpunen versehen, wurden die unglücklichen Grönländer einem begeisterten Publikum präsentiert. Zwei von ihnen starben kurze Zeit später an Tuberkulose. Sogar an ihren Leichen bereicherte sich Peary und verkaufte sie dem American Museum of National History, wo die Skelette in Vitrinen ausgestellt wurden. Minik, der noch ein Kind war, als seine Eltern und er von Peary in die USA gebracht wurden, entdeckte Jahre später bei einem zufälligen Museumsbesuch in einer der Vitrinen das Skelett seines Vaters – der Name stand auf einem Schild darunter. Dabei hatte Peary dem Jungen gegenüber immer geleugnet, etwas über den Verbleib seines Vaters zu wissen. Erst 1993 – wir waren damals zum ersten Mal in Qaanaaq – wurden die sterblichen Überreste nach einem langen und zähen Verwaltungskrieg nach Qaanaaq überführt und dort bestattet.

Cook war zweifelsohne aus anderem Holz geschnitzt. Für ihn waren die Grönländer nicht nur Mittel zum Zweck, sondern er schätzte sie. Er lebte unter ihnen mit dem Blick eines Ethnologen und dokumentierte die Menschen und deren Kultur wie kaum ein anderer vor ihm. Als er nach seiner Rückkehr vom Pol in Kopenhagen eintraf, wohin ihn die Schiffspassage zunächst gebracht hatte , bevor er die Weiterreise in die USA antreten konnte, stellte er sich freiwillig einer kritischen Befragung von Mathematikern und Astronomen der Universität, um die Stichhaltigkeit seiner Behauptungen zu überprüfen. Die Wissenschaftler zweifelten nicht an der Glaubwürdigkeit seiner Ausführungen. Hätte man die Unterlagen, die in Etah verborgen waren, rechtzeitig hinzuziehen können, hätte der Disput wahrscheinlich einen anderen Verlauf genommen. Warum wohl fuhr Bartlett nochmals nach Norden, um die Kiste mit den Unterlagen zu bergen?

Bis zum heutigen Tag gibt es zwei Lager, die sich unversöhnlich gegenüberstehen: das der Peary-Anhänger und jenen, die Cook die Treue halten. Der erste Mensch, der den Pol nachweislich mit Hundeschlitten erreichte, war 1969 der Engländer Wally Herbert. Ein ungemein erfahrener Mann – auch in Sachen astronomischer Navigation. Herbert glaubte nach Prüfung aller ihm zugänglichen Daten, dass sowohl Cook als auch Peary letztlich die Unwahrheit gesagt hatten. Seiner Einschätzung nach war keiner der beiden unmittelbar am Pol.

Der Sympathieträger in diesem nicht enden wollenden Disput ist sicherlich Frederick Cook. Seine Expedition – sieht man einmal von dem »Abstecher« zum Nordpol ab – lässt sich lückenlos nachweisen und stellt damit insgesamt eine der bemerkenswertesten polaren Reisen dar. Ich kenne die betreffende Region gut und kann seine Leistung nur bewundern. Die Geheimniskrämerei Pearys um seine nautischen Unterlagen, das Zurücklassen aller navigationskundigen Teammitglieder während des Vorstoßes zum Pol, die unglaubwürdigen Tagesleistungen, die er gerade dann zurücklegte, lassen nicht nur bei mir erhebliche Zweifel aufkommen. Cook wurde im Nachhinein auf übelste Art und Weise mitgespielt – auch wenn er durch teilweise dumme Fotomanipulationen daran durchaus eine Mitschuld trägt. Aber die Rufmordkampagne, die aus der Ringecke Pearys kam, gewährt einen tiefen Einblick in die Abgründe der Persönlichkeit Pearys.

Festzuhalten bleibt, dass keiner der beiden auch nur in die Nähe des Pols gelangt wäre, wenn sie nicht durch die Polareskimos massiv unterstützt worden wären. Sie sind für mich die wahren Helden des Nordpols.

▼ Während der ersten zwei Wochen unserer Nordpol-Expedition lag die Temperatur beständig zwischen −40 und −56 °C. Das Eis war ständig in Bewegung. Trotz der Kälte bildeten sich immer wieder Risse im Eis mit offenem Wasser. Unter uns ein 4000 m tiefer Ozean.

Sturm und Eis. Die Wetterwechsel
im Herbst kommen abrupt und
heftig. Am Abend zuvor hatten
wir noch bei Windstille und
klarem Himmel vor Anker gelegen.
Innerhalb weniger Stunden
war das Unwetter aufgezogen –
und mit ihm Treibeisfelder.

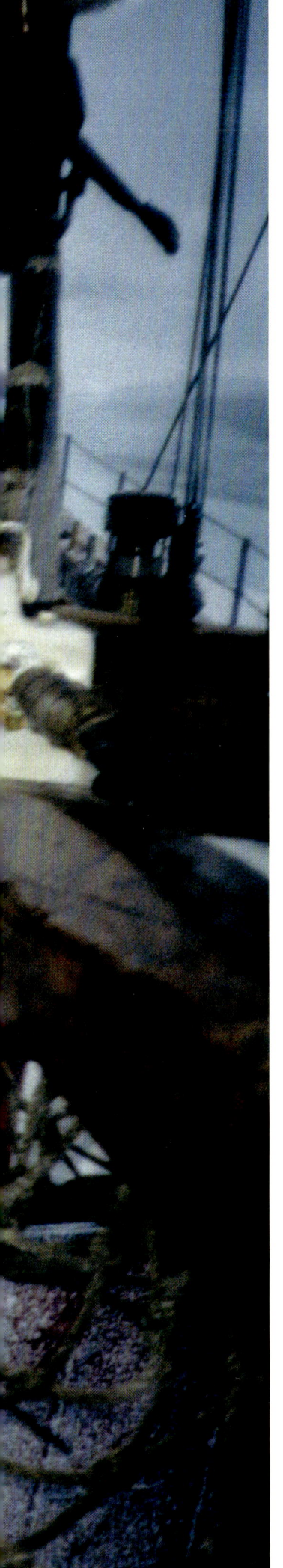

Kitaa –
Die Westküste
71°11′N; 051°05′W

Zwischen der Siedlung Savissivik im Norden und der Ortschaft Upernavik im süd-lichen oberen Drittel Grönlands liegt die gewaltige Melville-Bucht. Die ganze Wildheit Grönlands bekommt man an dieser menschenleeren Küste zu spüren. Die Lauge-Koch-Küste und der Steenstrup-Gletscher sind heute als Naturreservat ausge-wiesen. Soweit man weiß, hat es zu keinem Zeitpunkt den Versuch gegeben, an dieser Küste zu siedeln. Wer die zerrissenen Gletscher und Eisbarrieren sieht, versteht, warum. Die Küste wirkt wie ein verbotenes Land. Grönland – die Schöne – zeigt dem Menschen kompromisslos die Grenzen auf. Diese Küste ist nicht für Menschen bestimmt – nicht mal für die Hartgesottensten unter ihnen.

Früher war die Melville-Bucht auch im Sommer mit Eisfeldern bedeckt, sodass sich die Walfangschiffe meist dicht unter der Küste hielten, um nach Norden zu gelangen. Uper-navik galt als die letzte Bastion der Zivilisation. Dort gab es einen dänischen Verwalter, eine Telegrafenstation und in sehr begrenztem Umfang Nahrungsmittel und Ausrüstung. Fast jede Expedition, die nach Norden unterwegs war, nutzte Upernavik, um letzte Briefe oder Nachrichten in die Heimat zu schicken. Es schien eine imaginäre Grenze zwischen Upernavik und dem nördlichen Grönland zu bestehen. Im Verständnis der Südgrönländer war Upernavik schon so etwas wie das Ende der bewohnbaren Welt. Es gab es so gut wie kei-ne direkten Kontakte zu den Inughuit im Norden und den Grönländern der Upernavik-Region. Die Inughuit fürchteten Ansteckungen und Krankheiten, die im Süden kursierten. Eine schlichte Erkältung barg für

Eine schlichte Erkältung barg für die Inughuit ernst-hafte gesundheitliche Risiken.

sie ernsthafte gesundheitliche Risiken. Ihr Organismus verfügte über keine Abwehrkräf-te gegen Erkältungsviren, nicht wenige starben an den Folgen. Der unmittelbare Kon-takt zwischen den beiden Bevölkerungsgruppen wurde bewusst unterbunden, um keine Krankheitskeime zu übertragen. Deshalb hielt man sich auf Distanz zu seinen Vettern. Im Norden benötigte Waren oder Nachrichten wurden fernab von Upernavik an einem be-stimmten Punkt auf dem Eis deponiert. Diese Stelle war mit den Inughuit abgesprochen. Im Frühjahr unternahmen die Inughuit eine lange und gefahrvolle Reise quer über die Melville-Bucht zu dem Depot und holten die für sie bestimmten Gegenstände ab.

Trotz der Abgeschiedenheit – ein paar kleine Siedlungen gibt es dennoch in der Region Upernavik. Kullorsuaaq ist davon die nördlichste. Etwas südlicher davon liegt die von einer Halbinsel geschützten Siedlung Nussuaq – oder Kraulshavn, wie sie früher genannt wurde. Eine enge Einfahrt führt in das Innere einer Bucht, in der Schiffe unmittelbar vor der Siedlung einen geschützten Ankerplatz finden. Bei meinem ersten Besuch 1993 hatte

▲▲ Der Friedhof von Nussuaq
mit den teilweise frei liegenden
Särgen, in denen bisweilen
die Gebeine der Verstorbenen
durchscheinen.

▲ Ein bizarres Bild: Vor einem
Haus steht ein im Sturm
vergessenes Schlagzeug.

mich besonders der Friedhof beeindruckt. Dort stand nämlich – für alle gut sichtbar – eine Zementmischmaschine. Ihr Bestimmungszweck wurde schnell offenkundig: Einige der neueren Gräber waren einbetoniert, offenbar um zu verhindern, dass der Permafrost die Särge wieder an die Oberfläche drückte. Ein bekanntes Problem in der Arktis. Bei älteren Gräbern konnte ich unter den Steinhaufen Särge und Knochen sehen. Dem wollte man jetzt offenbar vorbeugen.

Als wir 2009 erneut die Siedlung aufsuchten, war es bereits spät im Herbst, und alle Signale standen auf Sturm. Das Barometer sorgte bei uns für sorgenvolle Mienen, so schnell sackte der Luftdruck ab. Zum Glück lagen wir in der gut geschützten Bucht bei gutem Ankergrund, sodass wir keine Sorge haben mussten, dass der Anker slippte. Kurz darauf fing es an zu stürmen. Die Urgewalt eines grönländischen Herbststurmes kann nur der ermessen, der ihn mal erlebt hat. Es sind nicht nur die Windgeschwindigkeiten, die einem zu schaffen machen. Die ganze Landschaft wirkt mit einem Mal verändert. Die Felswände leuchten glänzend, nass und schwarz, unterbrochen von feinem Schneestaub, der sich darauf festsetzt, um langsam zu Eis zu werden. Das Heulen des Windes in der Takelage, die Brandung in der engen Einfahrt, das fahle Licht und die schneidende Kälte – man wird still und in sich gekehrt. Im Ort war keiner zu sehen, alle hatten sich in ihre Häuser zurückgezogen. Die Flut lief infolge des Sturmes besonders hoch auf, alles, was nicht angebunden war, flog über die Bucht. Von unserem Ankerplatz aus beobachteten wir, wie komplette Kamutiks, Kinderspielzeug aus Plastik und Mülltüten vorbeitrieben. Endzeitstimmung. Das Hochwasser schwappte bis fast an die Stufen des kleinen Ladens. Aber der Anker hielt – wir saßen den Sturm aus, lagen in den Kojen und lasen. In solchen Situationen wirkt Grönland wüst und öde, die Siedlungen verströmen Langeweile und Tristesse. Man sehnt sich an einen anderen Ort.

Upernavik mutet dagegen an wie eine Metropole. Obwohl nur 1300 Menschen dort leben, gibt es ein Krankenhaus, eine Polizeistation, einen größeren Supermarkt und regelmäßige Schiffsanbindungen der Royal Arctic Line, die ganz Grönland mit Waren aller Art versorgt. Autos fahren auf den wenigen Straßenkilometern, ja es gibt sogar ein Taxiunternehmen! Der Flugplatz wurde vor einigen Jahren auf einem Bergrücken gebaut. Von dort oben hat

man einen Überblick über das Meer, die Berge, die Siedlung. Ein- bis zweimal die Woche kommt das Flugzeug – rein theoretisch –, so verspricht es zumindest der Flugplan, sofern das Wetter mitspielt oder die Flugzeuge nicht anderweitig eingesetzt werden. Der Norden spielt einfach grundsätzlich eine untergeordnete Rolle in der grönländischen Prioritätsliste. Für die Turbopropmaschine ist Upernavik nur eine Zwischenstation. Entweder ist sie auf dem Weg nach Qaanaaq oder befindet sich von dort aus auf dem Rückweg. Ist das Wetter in Qaanaaq schlecht, kann es sein, dass sie gar nicht erst im Süden abfliegt. Ist das Wetter auf dem Rückflug in Upernavik schlecht, fliegt sie einfach ohne Zwischenlandung durch. Und das Wetter ist häufig schlecht. Dann muss man in der Regel eine Woche warten – wenn es dann klappt. Gestrandete Fluggäste werden in einer schlichten Herberge mit Selbstversorgung untergebracht. Bisweilen bedarf es eines gehörigen Maßes an Geduld. Die Hoffnung stirbt bekanntlich zuletzt – auch die des genervten Fluggastes, der erwartungsvoll am Check-in-Schalter steht und auf die vorsichtige Frage hin, ob der Flieger denn diese Woche kommt, ein Achselzucken und das unvermeidliche grönländische »Imacha – vielleicht« – zur Antwort erhält. Mit europäischen Maßstäben kommt man dort nicht weiter. Und wer womöglich gar auf seinen Rechten als Fluggast besteht und energisch fordernd den ausstehenden Transport einklagt, um nach acht Tagen Wartezeit nun bitte endlich ausgeflogen zu werden, wird nur auf völliges Unverständnis stoßen. Es gibt viele gute Gründe, warum das Flugzeug nicht kommt: Vielleicht ist es kaputt oder die Piloten haben ihr Soll an Flugstunden erfüllt und dürfen nur nach einer entsprechenden Ruhepause erneut ins Cockpit. In allen Fällen allerdings greift dann der normale Flugplan; Ersatzflüge sind nicht so ohne Weiteres vorgesehen. Vielleicht ist auch das Wetter am Abflugort oder Zielflughafen schlecht. Oder ein dringender Krankentransport genießt Vorrang. Es gibt wirklich viele gute Gründe. Nachvollziehen kann das nur jemand, der schon einmal bei richtig schlechtem Wetter geflogen ist. Ich bin einmal mitten im Winter von Upernavik bei sehr grenzwertigem Wetter Richtung Süden gestartet. Froh, im Flieger zu sitzen, freute ich mich schon auf den Komfort eines Hotels in Ilulissat – ohne Beutelklo! Aber der Flughafen von Ilulissat wurde während unseres Anfluges gesperrt – Eisregen hatte eingesetzt, die Piste war vollkommen vereist. Also weiter nach Süden. Aber auch Sisimiut war aus dem

▲ Der Sturm brandet bis an die Häuser Nussuaqs heran.

Die Ortschaft Upernavik während
der Polarnacht. In der Nähe dieser
Ortschaft mit etwa 1300 Einwohnern hat die »Dagmar Aaen«
den Winter 2009/2010 im Eis
eingefroren verbracht.

gleichen Grund gesperrt. Langsam wurde offenbar der Treibstoff knapp, sodass als letzte Option nur Kangerlussuaq blieb. Die Rollbahn dort ist gigantisch, der Airbus aus Kopenhagen landet hier regelmäßig. Aber auch diese Piste war durch den Eisregen und die niedrigen Temperaturen komplett vereist. In solchen Situationen lernt man das fliegerische Können der Piloten schätzen und wird bescheiden in seinen Ansprüchen bezüglich der Einhaltung von Flugplänen. Vorsichtig, für uns kaum spürbar, setzte der Pilot die Dash 7 auf der Eispiste auf und ließ sie einfach ausrollen. Bremsen war offenbar ausgeschlossen. Es ging alles gut. Erst als wir aus dem Flieger stiegen und ins Flughafengebäude laufen wollten, merkte ich, wie glatt die Piste war. Es war wie auf einer Eisbahn, sodass wir mehr schlecht als recht in das Gebäude schlidderten.

Upernavik liegt auf einer Insel. Die Landschaft ist spektakulär, aber irgendwann wird selbst solch ein Reichtum an unverbauter Natur irgendwie zur Normalität. Vom Schiff aus blicken wir auf die senkrechten Klippen, die sich aus dem Wasser erheben. Am oberen Ende der vorgelagerten Klippe ist gerade ein Lkw vorgefahren. Die Stunde des »Schlitzers« – wie wir ihn nennen – ist gekommen. Die Ladefläche des Lkw ist voll beladen mit gelben Plastiksäcken – der Latrinenexpress von Upernavik. Aufgabe des Schlitzers ist es nun, einen prall gefüllten Beutel zu greifen, ihn am ausgetreckten Arm über die Klippe zu halten und mit einem scharfen Messer aufzuschlitzen. Solchermaßen perforiert, entleert der Beutel vehement seinen Inhalt. Der Wind verteilt die eklige braune Masse über den Klippenrand. Der Schlitzer wirft nach getaner Arbeit den geleerten Beutel in einen Muldencontainer, wo er später – zusammen mit den anderen geleerten Beuteln – verbrannt wird. Bisweilen dauert es Stunden, bis der Schlitzer mit seiner Arbeit fertig ist. Bei 1300 Einwohnern kommt da so einiges zusammen. Und das über Jahre hinweg. Im Angesicht solchen Treibens lernt man Demut. Wir sind froh, dass wir weit genug entfernt vom Ort des Geschehens sind.

▲ Der Wintereinbruch kündigt sich in Upernavik mit heftigen Schneestürmen an. Tagelang wütet der Wind, Häuser und Straßen versinken unter einer dicken Schneedecke. Wer nicht unbedingt nach draußen muss, bleibt drinnen.

▶ Während des Landeanflugs zum Flugplatz von Upernavik kann ich aus dem Fenster unter mir die »Dagmar Aaen« im Eis eingefroren liegen sehen.

Dr. Johannes Georgi hält auf
der Station Eismitte Ausschau.
Ein Jahr lebte er zusammen mit
Ernst Sorge und Fritz Loewe mitten
auf dem grönländischen Inlandeis
in einer in den Firn gegrabenen
Höhle. Seine Erlebnisse schildert
er später in dem Buch »Im
Eis vergraben«.

Alfred Wegener

»Wem sich zum ersten Mal der Blick über die weiße Eisfläche erschließt, der fühlt etwas Weihevolles. Es ist ein feierlicher Augenblick. Vielleicht ist es der restlose Sieg einer einzigen Naturkraft über alles andere, die Überwältigung des Erdbodenreliefs durch die Eisüberschwemmung, die uns packt; vielleicht ist es auch nur das, dass der Blick, bisher gehemmt durch schroffe Felswände, plötzlich haltlos in die Ferne irrt, wie beim Meer. Man fühlt sich Aug in Aug mit der Unendlichkeit und wird stumm und klein.«

Alfred Wegener

Die Erforschung des grönländischen Inlandeises ist eng mit dem Namen Alfred Wegener verbunden. Insgesamt ist sie ein vergleichsweise junges Kapitel der Polarforschung. Nansen, Peary und einige andere hatten das Inlandeis an unterschiedlichen Stellen durchquert und die Erkenntnis mitgebracht, dass es dort kalt und eisig ist, viel mehr aber auch nicht. Wegener hatte aufgrund seiner vorangegangenen Expeditionen erkannt, dass die ergebnisorientierte Forschung nur mittels fester Stationen erfolgen konnte. Die mobilen Expeditionen der Zwanziger- und Dreißigerjahre waren noch mit Hundeschlitten oder sogar Ponys unterwegs. Sie mussten den größten Teil ihrer Kraft und Zeit dem Vorankommen widmen. Für Forschung blieb da nur wenig Raum. Wegener wusste das aus eigener Erfahrung. Bereits 1913 hatte er mit dem Dänen Lauge Koch das Inlandeis in Ost-West-Richtung überquert – und dabei nur knapp überlebt. Wegener war ein Pionier der alten Schule, gleichwohl ein international anerkannter Wissenschaftler. Seine von ihm entwickelte Kontinentalverschiebungstheorie sorgte in der wissenschaftlichen Community für reichlich kontroverse Diskussionen und wurde erst lange nach seinem Tod akzeptiert. So lag es in seiner Natur, dass er sich mit den bisherigen Ergebnissen der Grönlandforschung nicht zufriedengeben wollte.

1930 organisierte er eine weitere, seine insgesamt dritte Grönlandexpedition. Entlang des 71. Breitengrades, genau in der Mitte Grönlands, sollten drei bemannte Forschungsstationen errichtet werden. Die erste Station wurde Weststation getauft und befand sich oberhalb des Qamarujuk-Gletschers auf einer Felsinsel am Rande des Inlandeises. Von dort aus wurde in etwa 400 Kilometern eine weitere Station errichtet, die den Namen Eismitte trug und nicht viel mehr war als eine Schneehöhle im Firn. Die dritte Station, Oststation genannt, wurde auf dem Seewege im Inneren des Scoresbysundes von einer getrennt operierenden Gruppe Wissenschaftler errichtet. In allen drei Stationen sollte erstmalig in der Geschichte eine Gruppe Wissenschaftler überwintern und durchgängig für ein Jahr lang wissenschaftliche Daten erfassen. Wegeners Plan sah außerdem vor, im Sommer 1931 eine Schlittenabteilung von Eismitte zur Oststation zu entsenden und damit Grönland entlang des 71. Breitengrades erstmals komplett zu durchqueren. Dieser nochmals rund 400 Kilometer lange Teilabschnitt war noch niemals zuvor begangen worden, und es gab auch keine klaren Vorstellungen, über welchen Gletscher man das Inlandeis überhaupt verlassen konnte. Ein kühner Plan!

Wegener baute auf moderne Technik. In unendlicher Mühsal wurden nicht nur Pferde, Hunde, Baumaterial und Ausrüstungsgegenstände den Qamarujuk-Gletscher bis zur 1000 Meter hohen Weststation transportiert – auch zwei Propellerschlitten waren dabei. Mit einem Flugzeugmotor und einem Propeller getrieben, sollten die Holzkonstruktionen die Hauptlast des Ausrüstungstransports über das Inlandeis bewältigen. Die Idee war fortschrittlich und gut, die Technik hingegen steckte noch in den Kinderschuhen und war dem arktischen Klima nicht gewachsen. Die ständigen Ausfälle der Motorschlitten führten dazu, dass die erforderliche Ausrüstung für Eismitte letztlich doch mit Hundeschlitten dorthin transportiert werden musste. Das dauerte viel länger als geplant. Der enge Zeitplan geriet ins Hintertreffen. Wegener selbst leitete die letzte Nachschubreise, um den zwei Forschern Johannes Georgi und Ernst Sorge, die auf Eismitte ausharrten, benötigte Versorgungsgüter zu bringen. Am 27. Oktober 1930 waren sie nur noch wenige Kilometer von Eismitte entfernt. Als sie morgens aus ihren durchfeuchteten Schlafsäcken krochen, waren sie von den Strapazen der vorangegangenen Wochen gezeichnet. Seit Tagen verharrte das Thermometer unterhalb der −50-°C-Grad Marke und machte jede Tätigkeit zur Qual. Der Atem gefror knisternd zu kleinen Eiskristallen, die sich an der Zeltwand niederschlugen. Die dünne Leinwand bot kaum Schutz gegen die brutale Kälte, und selbst der fauchende Petroleumkocher brachte kaum Linderung. Sie waren zu dritt: Alfred Wegener, Fritz Loewe und der Grönländer Rasmus Villumsen. Obwohl jeder von ihnen wusste, dass nur eine Flucht nach vorn helfen konnte, versuchten sie den Aufbruch im Unterbewusstsein so lange wie möglich hinauszuzögern. 37 Tage waren sie mit ihren Hundeschlitten bereits auf dem Inlandeis unterwegs. Ohne es offen auszusprechen, wusste jeder von ihnen, dass ihre Mission gescheitert war. Die Nutzlast, der sie der Station Eismitte rechtzeitig zum Wintereinbruch zuführen wollten, war auf magere 40 Liter Petroleum, ein kleines Zelt sowie eine Laterne geschrumpft.

Zur selben Zeit saßen Johannes Georgi und Ernst Sorge in der provisorisch errichteten Station Eismitte in 3000 Metern Höhe. Mit den modernen Polarstationen der heutigen Zeit hatte die Station Eismitte wahrhaftig nichts gemein. Sie bestand lediglich aus einer in den Firn des Inlandeises gegrabenen Eishöhle. Primitiver ging es kaum. Die meteorologischen Erkenntnisse würden von unschätzbarem Wert sein. Immerhin war es in der Eishöhle deutlich wärmer als draußen. Lediglich −10 °C herrschten im Inneren der Station. Ohne Funkgerät waren die Männer von der Außenwelt abgeschnitten, und der lange polare Winter fing gerade erst an.

Der 27. Oktober 1930 war ein schlechter Tag. Loewe stellte sachlich fest, dass seine Zehen an beiden Füßen völlig gefühllos waren. Wegener versuchte die erfrorenen Gliedmaßen zu massieren und zu erwärmen, um die Blutzirkulation wieder in Gang zu setzen. Aber es war bereits zu spät. Die Zehen waren erfroren.

Drei Tage später, am 30. Oktober, kamen sie in der Station Eismitte an, nachdem sie zuvor nur vier Kilometer von der Station entfernt nochmals campieren mussten. Als sie endlich die Station erreichten, hatte sich Loewes Zustand weiter verschlechtert. Zehen, Fersen und Finger wiesen schwere Erfrierungen auf. Einige Tage später fiel Johannes Georgi die schwere und undankbare Aufgabe zu, ihm mittels Taschenmesser und einer Zange die Zehen zu amputieren.

Während draußen eine Temperatur von −52 °Celsius herrschte, war das Innere der Station geradezu wohltuend warm. Loewes Zustand war so ernst, dass an eine Rückreise zur Weststation nicht zu denken war. Er würde den Winter auf Eismitte verbringen müssen. Und

Am 27. Oktober 1930 waren sie nur noch wenige Kilometer von Eismitte entfernt.

▼ Die Überreste der Motorschlitten der Wegener-Expedition wurden zwischenzeitlich vom Inlandeis geborgen und in Uummannaq ausgestellt. Sie wirken dort ein wenig verloren und sagen nur wenig über die Expedition aus.

▲ Die Siedlung
Uummannaq mit dem
markanten Berg.
Von hier aus begann
1930 Alfred Wegeners
Expedition. Auch wir
richteten 1983 unser
Basislager für die
Durchquerung des
Inlandeises dort ein.

◀ Eines der alten noch
erhaltenen grönlän-
dischen Häuser, die
zu Wegeners Zeit die
Mehrzahl an Wohnraum
bildeten.

auch für Wegener und Villumsen wäre es die beste Lösung gewesen, dort auf den Frühling zu warten. Dafür gab es aber nicht genügend Vorräte. Am 1. November feierten sie Wegeners fünfzigsten Geburtstag. Noch am selben Tag verließ er zusammen mit Rasmus Villumsen die Station, um sich auf den Rückweg zu machen. Das Wetter hatte sich etwas gebessert, die Temperatur lag bei moderaten −39 °C. Wegener hoffte auf eine schnelle Rückreise. Es ging bergab, die Schlitten waren leicht und weitgehend leer. Wegeners Plan sah vor, dass sie die ersten 200 Kilometer mit zwei Schlitten und 17 Hunden zurücklegen wollten. Danach sollte der Grönländer Rasmus, von allen der erfahrenste Hundeführer, beide Gespanne zu einem vereinen, um die letzte Etappe schnellstmöglich zu bewältigen, während Wegener auf Ski folgen wollte. Sie kamen dort nie an. Während die beiden Männer verzweifelt versuchten die rettende Weststation zu erreichen, wurden auf Eismitte die Wetterbeobachtungen fortgesetzt. Am 20. März 1931 fiel die Temperatur auf das Jahresminimum: −64,8 °C zeigte das Thermometer. Das grönländische Inlandeis ist zu jeder Jahreszeit ein Extrembereich. Aber im November will man dort eines ganz sicher nicht − mit dem Hundeschlitten und Ski unterwegs sein. War das Wetter bei ihrem Aufbruch von Eismitte noch günstig gewesen, so fiel die Temperatur kurz darauf wieder auf −50 °C und blieb dort. Bereits nach 115 Kilometern ließ Wegener eine Kiste mit Pemmikan zurück − offenbar, um den Schlitten zu leichtern. Danach wurden die Hundeverluste immer größer. Nach weiteren 30 Kilometer ließ Wegener seinen Schlitten zurück und musste von da an Rasmus auf Ski folgen. Die Entbehrungen und die Strapazen des arktischen Winters nahmen den beiden einsamen Männern die letzten Energiereserven. 66 Kilometer legte Wegener auf Ski zurück, dann verließen ihn offenbar die Kräfte. Kurz darauf starb er. Rasmus Villumsen, nun gänzlich auf sich allein gestellt, nähte den Leichnam Wegeners trotz der brutalen Kälte in zwei Schlafsäcke ein und kennzeichnete das Grab mit Wegeners Ski, sodass man es im Frühjahr wieder auffinden konnte. Umsichtig nahm er Wegeners Tagebuch an sich, sowie dessen Pfeife, Tabak und Handschuhe. Rasmus blieb nicht mehr viel Zeit. Die fortgeschrittene Jahreszeit, die kürzer werdenden Tage machten das Vorankommen für ihn immer schwieriger. Der Grönländer wird seine Hunde zur äußersten Eile angetrieben haben. In der Mythologie der Grönländer ist das Inlandeis der Sitz der Tupilaks − ungemein gefährlicher, spiritueller Geister, denen man besser aus dem Weg geht. Rasmus Villumsen ist niemals wieder gesehen worden.

In der Weststation vermutete man, dass Wegener mit seinen Begleitern den Winter über auf Eismitte verbringen würde. Von dem Drama, das sich zwischenzeitlich auf dem In-

▲ Einer der beiden Motorschlitten wird mit Winden mühsam den Qamarujuk-Gletscher zum Inlandeis hochgezogen. Von den Motorschlitten hatte sich Wegener schnelle und effektive Reisen zur Station Eismitte erhofft. Die Schlitten blieben aber weit hinter den Erwartungen zurück.

landeis abspielte, ahnte man nichts. Erst im Frühjahr 1931 sollte man Gewissheit finden. An diesem Tag stoppte eine kleine Schlittenkarawane auf dem Weg nach Eismitte vor den immer noch im Abstand von drei Metern aufrecht stehenden Ski Wegeners. In der Mitte steckte ein zerbrochener Skistock. Nachdem die Männer eine Weile im Schnee gegraben hatten, tauchten plötzlich Rentierhaare auf, gleich danach ein Rentierfell und schließlich Wegeners Pelz, der über einen Schlafsackbezug gedeckt war. Im Bericht über das Auffinden Wegeners ist zu lesen:

»In zwei Schlafsackbezügen eingenäht wurde Wegener gefunden. Er lag auf einem Schlafsack und einem Rentierfell, dreiviertel Meter unter der Schneeoberfläche. Wegeners Augen waren offen, der Gesichtsausdruck entspannt, ruhig, fast lächelnd. Das etwas blasse Gesicht sah jugendlicher aus als früher. Nase und Hände zeigten kleine Frostwunden, wie sie auf solchen Reisen üblich sind. Wegener war vollständig angekleidet. Der ganze Anzug war tadellos in Ordnung und von Treibschnee frei; besonders waren die Pelzstiefel dick und weich ausgestopft und nicht vereist.«

Nachdem sie den Leichnam Wegeners sorgfältig untersucht hatten, wurde er von den anwesenden Grönländern erneut eingenäht und an der gleichen Stelle in den Firn gebettet. Aus Firnblöcken wurde eine Art Gruft errichtet und mit einem Schlitten abgedeckt. Aus dem zerbrochenen Skistock fertigten die Grönländer ein Kreuz. Später wurde an der Stelle noch ein sechs Meter hohes Kreuz aus einem Bohrgestänge errichtet, zusätzlich ein zehn Meter hohes Zeichen aus Bambus. Vermutlich wird das derart gekennzeichnete Grab die nächsten 15 oder 20 Jahre noch zu sehen gewesen sein. Aber es kam keiner mehr. Danach verschwand es für immer im Inlandeis. Die Station Eismitte wurde nach Wegeners Tod aufgegeben, und auch die noch ausstehende Durchquerung Grönlands bis zur Oststation wurde nicht mehr realisiert. Erst in den Jahren 1949 bis 1951 wurde unter der Leitung des französischen Polarforschers Paul-Émile Victor unweit der alten Station Eismitte eine neue Forschungsstation erreichtet, die um einiges komfortabler war und den Namen Station Centrale erhielt.

Die Suche nach Rasmus Villumsen, der Wegeners Tagebuch an sich genommen hatte, wurde schließlich ergebnislos abgebrochen. Einige Lagerreste von ihm wurden noch gefunden, mehr nicht. Vermutlich ist er in der Randzone in eine der unzähligen Gletscherspalten gefallen. Vielleicht wird er irgendwann einmal am Fuße einer Gletscherzunge wieder auftauchen, und damit vielleicht auch Wegeners Tagebuch. Die grönländische Geschichte ist voll von solch wundersamen Zufällen.

▲◄ Alfred Wegener (links) und Rasmus Villumsen am 1. November 1930 beim Aufbruch von Eismitte. Es ist das letzte Foto, das die beiden zeigt.

▲► Einer der Motorschlitten ist in eine Spalte eingebrochen. Dies ist nur eine der zahlreichen Havarien, die den Zeitplan der Expedition gefährlich in Verzug gerieten ließen.

▼ Das Grab Alfred Wegeners auf dem Inlandeis, errichtet und fotografiert im Jahre 1931 nach dem Auffinden seines Leichnams.

Unser Basislager vor der Ortschaft
Uummannaq im Jahre 1983. Die
Hunde für die Expedition erwar-
ben wir von den Grönländern.
Von hier aus transportierten wir
in einer Art Shuttledienst die
umfangreiche Ausrüstung zum
Qamarujuk-Gletscher. Über einen
Monat waren wir damit beschäftigt, bevor die eigentliche Expedition begann.

Spuren im Eis

Als ich 1983 die Expedition auf den Spuren der Alfred-Wegener-Expedition plante, waren die aus heutiger Sicht selbstverständlichen technischen Errungenschaften wie GPS, Handys oder gar Satellitentelefon unbekannt. Es gab – man mag es kaum sagen – auch noch kein Internet. Ein Leben ohne Internet, Handy und Navi – das ist heute gar nicht vorstellbar.

Damals war das normal.

Eine Polarexpedition Anfang der Achtzigerjahre unterschied sich in vielen Dingen noch nicht so sehr von den früheren Entdeckungsreisen. Navigiert wurde mit Kompass und Sextant. Plottingkarten für die Navigation wurden handgezeichnet, und die einzige Kommunikationsmöglichkeit bestand in einem kleinen UKW-Funkgerät, mit dem wir bei Sichtkontakt Flugzeuge anfunken konnten. Gelegentlich klappte das sogar. Ansonsten war man allein unterwegs, abgeschnitten von der Außenwelt. Keiner wusste, wo man war, ob es einem gut ging oder ob man gerade in eine Gletscherspalte gefallen war. Von den heute üblichen Satellitenortungsgeräten, PLBs genannt, wagte damals noch keiner zu träumen. Hilfe von außen war nicht zu erwarten, man war eigenverantwortlich unterwegs. Wer seine Hausaufgaben nicht gemacht

> **Navigiert wurde mit Kompass und Sextant.**

hatte, verirrte sich und ging zugrunde. Verletzungen mussten nach Möglichkeit vermieden werden, denn auch im Notfall konnte keine Hilfe herbeigeholt werden. Und Notfälle gab es durchaus, etwa als ich meinem Begleiter Rainer Neuber mitten auf dem Inlandeis einen Zahn ziehen musste. In Ermangelung eines geeigneten Zahnbestecks – von der Fachkenntnis ganz zu schweigen – nahm ich eine Kombizange und würgte unbeholfen so lange an dem maladen Backenzahn herum, bis er schließlich abbrach. Der Zahn war weg, und mit ihm der Schmerz. Die daraus resultierende Entzündung des Zahnfleisches konnten wir mit Schmerzmittel und Antibiotika behandeln. Diese Tortur führte zwar mittelfristig zum erwünschten Erfolg, aber Spaß gebracht hat diese Aktion ganz gewiss nicht. Ich habe mich immer wieder gefragt, wie Rainer diese Rosskur weitgehend klaglos über sich ergehen lassen konnte. Es lag vermutlich an der Alternativlosigkeit unserer Lebenssituation. Einige Tage später biss mir ein Hund quer durch den Handrücken. Zu Hause hätte man operiert, irgendeine Infektion gefürchtet, die Wunde genäht. Ich habe damals nur einen Verband darumgewickelt, um die Blutung zu stillen. Die Narbe sieht man noch heute.

Da unser dritter Mann, Peter Hasenjäger, gleich zu Beginn der Expedition krank geworden war und umkehren musste, waren Rainer und ich mit drei Hundegespannen nebst Schlitten quasi Gestrandete, bevor die Expedition so richtig begonnen hatte. Aus drei Gespannen mussten wir zwei machen, die Schlittenlast, die für drei Schlitten berechnet war, auf zwei verteilen. Ein Umstand, der unsere gesamte Planung über den Haufen warf und uns weit hinter den Zeitplan zurückfallen ließ. Wir waren durch diese Umstellung einfach viel

langsamer und schwerfälliger geworden. Dennoch taten wir das Naheliegende nicht – wir gaben nicht auf.

Von der Ortschaft Uummannaq aus waren wir noch zu dritt gestartet. Vier Wochen lang hatten wir in einer Art Shuttledienst unsere Ausrüstung und das Hundefutter die 85 Kilometer von Uummannaq zum Qamarujuk-Gletscher gefahren. Vom Fuß des Gletschers mussten wir dann alles zu den Überresten der Weststation in rund 1000 Metern Höhe transportieren. Entlang der Aufstiegsroute und an der alten Weststation stießen wir auf Ausrüstungsgegenstände der Wegener-Expedition. Sogar die Reste der beiden Motorschlitten ragten aus dem Schnee. Die wertvollen Motoren hatte man damals demontiert und mit zurück nach

Station Eismitte, unser erstes Etappenziel, lag in etwa 3000 Metern Höhe.

Hause genommen. Den Rest ließ man einfach liegen. Die Überreste des von Stürmen zerstörten Pferdestalls, sogar Heu für die Tiere, lagen festgefroren auf einer kleinen Felsinsel. Daneben alte Batterien, Bauholz sowie Kisten und Dosen, die einstmals Lebensmittel enthalten hatten. Dazwischen ein Stück Pappe, auf dem handschriftlich der Name Ernst Sorge stand, eines der Teilnehmer der Expedition. Wir bauten in unmittelbarer Nähe unser Hochlager auf und machten uns für den Start der eigentlichen Expedition bereit.

Am 8. Mai 1983 begannen wir unsere Durchquerung. Schlechtes Wetter, Tiefschnee und die schwer beladenen Schlitten ließen uns nur langsam vorankommen. Zudem ging es ständig bergauf. Station Eismitte, unser erstes Etappenziel, lag in etwa 3000 Metern Höhe. Das bedeutete für uns, dass wir noch rund 2000 Meter aufsteigen mussten, bevor wir das Hochplateau erreicht hätten. Rückblickend muss ich sagen, dass diese Grönlanddurchquerung vielleicht meine elementarste Arktiserfahrung war. Die Zielsetzung war mehr als ambitioniert und ehrgeizig. Wir wollten die Insel entlang des 71. Breitengrades durchqueren, was etwa der breitesten Stelle Grönlands entspricht, und zwar ohne Netz und doppelten Boden, der für heutige Expeditionen eine Selbstverständlichkeit ist. Für die Durchquerung standen uns gerade mal 25 Liter Petroleum zum Kochen zur Verfügung – etwa 350 Milliliter pro Tag. Irgendwelche Depots oder Nachschubpläne gab es nicht. Wir mussten mit dem auskommen, was auf unseren Schlitten lagerte. Für Rainer Neuber war es

▲ Unser Basislager vor der Kulisse des Uummannaq-Berges.

außerdem die erste Arktis-Expedition. Aber mit enormer Zähigkeit und Ausdauer hatte er sich das erforderliche Wissen angeeignet. Wir wussten damals ja noch nicht einmal, wie es von der Station Eismitte weitergehen würde, geschweige denn, wie eine mögliche Abstiegsroute auf der Ostseite Grönlands aussehen würde. Wir hielten uns einfach an den 71. Breitengrad und sagten uns, dass wir schon einen Weg finden würden. Vor uns hatte noch kein Mensch diesen Teil der Route begangen, und die wenigen Luftbildaufnahmen, die uns damals zugänglich gemacht wurden, waren aus so großer Höhe und in so schlechter Auflösung gemacht worden, dass sie für uns nutzlos waren. Aber diese Ungewissheit machte auch gerade den Reiz der Unternehmung aus. Es ging nicht darum, wie es heute häufig üblich ist, im Rahmen einer »Fast and Light«-Expedition das Inlandeis so schnell wie möglich zu queren, um neue Geschwindigkeitsrekorde aufzustellen. Es ging darum, erfolgreich zu sein und heil anzukommen. Man wird unter diesen Umständen bescheiden in seinen Ansprüchen. Währen der Planungsphase bekam ich Kontakt zu einem deutschen Wissenschaftler, der an der sogenannten E.G.I.G.-Expedition (Expédition Glaciologique Internationale au Groenland) auf Grönland teilgenommen hatte. Im Rahmen dieses Forschungsprojektes hatte man in den Jahren 1959 und 1968 die von dem französischen Forscher Paul-Émile Victor eingerichtete Station Centrale genutzt und auf dem Weg dorthin sogenannte Balisen – eine Art Schneepegel – errichtet, um die Niederschlagsmenge an Schnee über die Jahre hinweg zu ermitteln. Die Station Centrale war nahe der im Firn versunkenen Station Eismitte errichtet worden und der Zeit entsprechend modern eingerichtet. Von der alten Station Eismitte, die ja nicht viel mehr als eine Höhle im Eis war, war nichts mehr zu sehen. Es gab zwei Arten von Balisen: Großbalisen, die aus rot-weißen Elementen bestanden und mehrere Meter hoch waren, sowie Kleinbalisen, die dünner und kürzer waren. Die E.G.I.G.-Expedition hatte dem technischen Standard der Zeit entsprechend motorisierte Fahrzeuge eingesetzt, die die schwer beladenen Schlitten hinter sich herzogen. Die Expedition hatte nicht die gleiche Route genommen wie Wegener, im Bereich der Station Eismitte jedoch kreuzten sich die Routen. Die Bitte des Wissenschaftlers an uns lautete, nach eventuell noch vorhandenen Balisen Ausschau zu halten und diese zu vermessen, um Rückschlüsse

▲ Nach und nach transportieren wir die Ausrüstung vom Fuße des Qamarujuk-Gletschers zum 1000 Meter hoch gelegenen Hochlager. Eine strapaziöse Arbeit, da wir den Weg viele Male laufen müssen.

über den Schneezuwachs in den vergangenen Jahren zu gewinnen. Die Suche gestaltete sich für uns zu einer navigatorischen Herausforderung. Es war die berühmte Suche nach der Stecknadel im Heuhaufen. Von den Balisen würde nach so vielen Jahren nicht mehr viel sichtbar sein, weil der größte Teil von ihnen im Inlandeis versunken wäre. Außerdem wusste keiner, ob sie den Winterstürmen in all den Jahren standgehalten hatten. Nur wer schon mal bei Eiseskälte mit Sextanten und künstlichem Horizont navigiert und ansonsten nur einen Kompass zur Verfügung hat, kann die Komplexität der Aufgabenstellung ermessen. Wir wussten auch nicht, aus welcher Entfernung die Balisen zu sehen wären. Lediglich die Großbalise würde uns einen Hinweis geben. Es mag albern klingen, aber wir waren unheimlich gespannt darauf, diese Balise zu finden. Es bedeutete eine Bestätigung unserer Navigation, sozusagen ein Referenzpunkt bei der Inlandeisdurchquerung. Hätten wir sie nicht gefunden, wäre die Unsicherheit geblieben, dass unsere Navigation vielleicht nicht stimmte. Am 11. Juni sichtete Rainer Neuber durch das Fernglas die Großbalise. Die Entfernung bis dorthin betrug vier Kilometer. Nach 35 Tagen auf dem Inlandeis und in 2950 Metern Höhe hatten wir unser erstes wichtiges Etappenziel erreicht: die Station Eismitte. Gleichzeitig war dies für uns der »Point of no Return«. Von hier an würde es noch bis auf 3100 Metern Höhe ansteigen, um danach langsam wieder abzufallen. Ab Eismitte befanden wir uns auf einer komplett unbekannten Route. Sobald wir die Station Eismitte hinter uns ließen, gab es nur noch eine Richtung: Osten. Eine Umkehr wäre dann nicht mehr sinnvoll gewesen. Wir vermaßen die Balise und befestigten eine Nachricht an ihr, die über den bisherigen Verlauf der Expedition Auskunft gab. 420 Kilometer hatten wir seit der Weststation in 35 Tagen zurückgelegt. Eigentlich hatten wir zu diesem Zeitpunkt schon in Sichtweite der Ostküste sein wollen. Da wir über keine Nahrungsmitteldepots oder irgendeine Art von Nachschub verfügten, kürzten wir unsere tägliche Lebensmittelration einfach auf die Hälfte. Trotz der angespannten Proviantlage nahmen wir die Suche nach weiteren Balisen auf. Anstatt von Eismitte genau Ostkurs einzuschlagen, was der logische Weg gewesen wäre, wichen wir daher von unserem Generalkurs ab. Im Abstand von zehn Kilometern hatte man sie seinerzeit errichtet und gekennzeichnet. Die Kleinbalisen würden – wenn überhaupt – nur noch wenige Zentimeter aus dem Schnee ragen. Mithilfe eines Hodometers, das ist ein am Schlitten befestigtes Rad, an dem ein Kilometerzähler angebracht ist und das parallel zum Schlitten mitläuft, maßen wir die zurückgelegte Distanz. Von der Großbalise auf Eismitte nahmen wir zusätzlich eine Peilung. Dann fuhren wir los. Nach gut neun Kilometern stoppten wir und scannten mit dem Fernglas den Horizont ab. Und da war sie, die erste Kleinbalise. Kurz darauf standen wir vor der Balise mit der

▲◄ **Im Eisbruch des Hare-Gletschers. Wir sind die Ersten, die ihn begehen – und vermutlich auch die Letzten. Es ist ein unglaublich strapaziöser und gefährlicher Abstieg.**

▲▶ **Die Balise, die über der ehemaligen Station Eismitte steht. Wir hatten im Verlauf unserer Expedition einige dieser Balisen aufgesucht und vermessen.**

◄ **Rainer Neuber steht mit einer Aluminiumkiste auf einem Eisvorsprung. Die gesamte Ausrüstung, jeder Hund und jeder Schlitten, müssen abgeseilt werden.**

Kennzeichnung T32/10. Der Code 32 gibt die Nummer der Balise an, die Zahl 10 die Anzahl der aufeinandergesetzten Elemente. Da jedes Element exakt die gleiche Länge hatte, ließ sich auch nach Jahren noch eine präzise Aussage über den Schneezuwachs treffen. 52 Zentimeter ragte das Ende der Balise aus dem Schnee. Von Eismitte bis zur Balise T40 würden es 100 Kilometer sein, dazwischen lagen zehn Balisen. Nach Eismitte mit der Nummer T31 hatten wir jetzt die zweite gefunden. Bis auf die Nummer T33, die offenbar bereits im Schnee versunken war, gelang es uns, alle Balisen bis T40 zu finden. Eine davon ragte gerade noch 48 Zentimeter aus dem Schnee. Erst danach verließen wir den Balisentreck und änderten unseren Kurs wieder auf Ost. Es war wahrscheinlich die letzte Möglichkeit, die Kleinbalisen zu vermessen. Nur ein oder zwei Jahren später waren sie unwiederbringlich im Eis versunken.

Zu diesem Zeitpunkt jedoch fesselte ein Ereignis ganz anderer Art unsere Aufmerksamkeit: Eine unserer Hündinnen war trächtig und kam kurz darauf nieder. Mitten auf dem Inlandeis, bei −30 °C, gebar die Hündin Sunny mehrere Welpen. Einige waren sofort tot, zwei überlebten. Wir richteten Sunny eine leere Futtertonne als Hundehütte ein, polsterten sie mit einem alten Schlafsack aus und luden die Tonne samt Inhalt auf einen der Schlitten. Das Entstehen von neuem Leben mitten in dieser lebensfeindlichen Umgebung wirkte auf uns wie ein Wunder, und wir werteten es in unserer angespannten Situation als gutes Omen. Der zweite Welpe starb leider auch kurz darauf, der letzte, eine kleine Hündin, war kräftig genug, um zu überleben. In einer feierlichen Zeremonie tauften wir sie auf den Namen Siko, was so viel wie Eis bedeutet. Fortan reisten »Mutter und Kind« den Umständen entsprechend komfortabel auf dem Schlitten mit.

Nach 59 Tagen entdeckten wir am Horizont das erste Mal wieder Land. Ein Nunatak, wie die Felsinseln im Eis genannt werden, hob sich deutlich vor dem weißen Hintergrund ab. Für uns wirkte das geradezu wie das Gelobte Land. Beide hatten wir uns nicht vorstellen können, dass wir uns einmal über einen Haufen Geröll und Schutt dermaßen freuen würden wie bei dem Anblick des fernen Nunataks. Wie auf einem Schiff, das einen Ozean überquert, hatten wir das erste Mal Land gesichtet. Die Schlitten waren inzwischen leicht, und es ging in langen Bodenwellen stetig bergab. Aber es war unbekanntes Terrain. Niemals zuvor waren Menschen auf dieser Route unterwegs gewesen. Und nach uns, das wurde uns ziemlich schnell klar, würde es wohl auch kaum jemand wieder versuchen. Der Norweger Roald Amundsen hatte bei seiner Südpolexpedition einen gefährlichen Gletscher als des »Teufels Tanzsaal« bezeichnet. Diese Bezeichnung übernahmen wir spontan auch

▼ Rainer Neuber tauft unsere kleine Hündin auf den Namen Siko – was auf Grönländisch so viel wie Eis bedeutet.

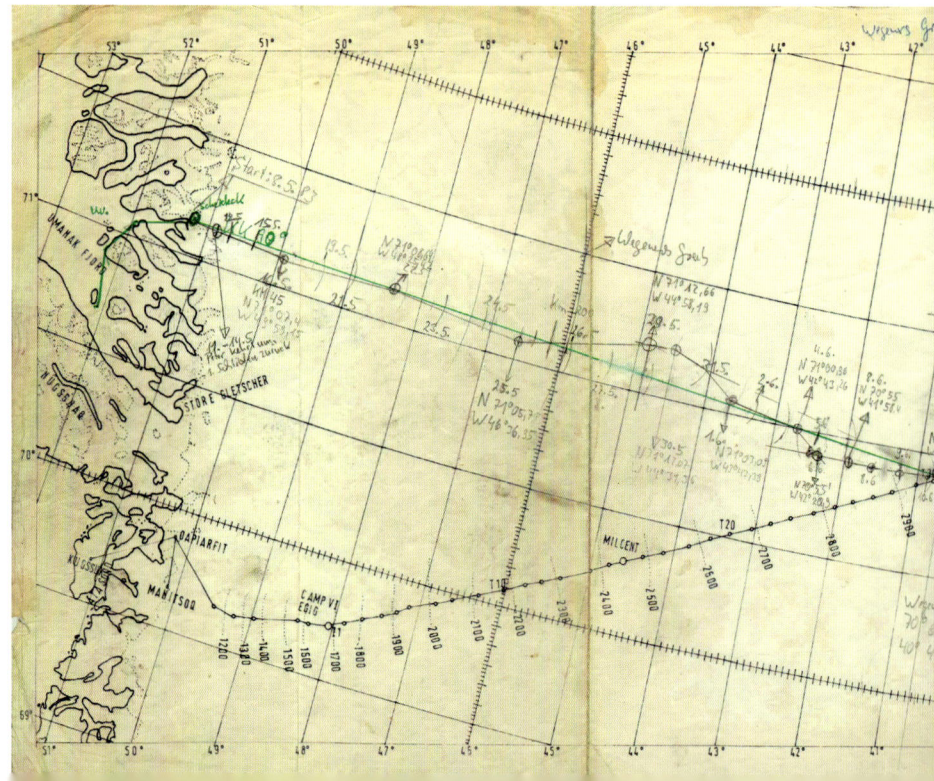

für unsere Abstiegsroute. 80 Kilometer mussten wir durch einen Irrgarten aus Eisspalten und Gletscherbrüchen laufen. Einer von uns lief ständig am Bergseil gesichert voraus, um die Hunde zu führen, während der andere den Schlitten fuhr und rechtzeitig abbremste. Wir hatten uns den Harefjord als Abstiegsroute ausgewählt – rückblickend keine sehr gute Idee. Die Gletscherbrüche, das Abseilen von Hunden und Schlitten, die einstürzenden Eistürme um uns herum, das alles forderte die letzten Reserven von uns. Während wir die Tiere und Ausrüstung abseilten, stopfte ich die kleine Siko in den Ausschnitt meines Anoraks. Dort saß sie in einer kleinen Brusttasche und verfolgte neugierig die Aktionen. Dann endlich, am 15. Juli, nach 69 Tagen auf dem Inlandeis, verließen wir über eine steile Seitenmoräne den Gletscher und traten in eine andere Welt. Eine grüne Almwiese mit Blumen, Hummeln und einem kleinen Bach, der gurgelnd über ein Moospolster rann. Wir waren am Ende unserer Durchquerung angekommen. Abgemagert und unglaublich schmutzig, aber glücklich und gesund. Die kleine Siko krabbelte über Steine, Moospolster und Blumen durch eine für sie völlig fremde Welt. Aber irgendetwas muss es da gegeben haben, das ihr nicht bekommen ist. Abends wurde sie krank, und am nächsten Morgen lag sie tot auf ihrer Decke. Es war vielleicht einer der bittersten Momente der gesamten Expedition für uns. Dem kleinen Hund wohnte eine Symbol- und Strahlkraft inne, die uns immer wieder Mut und Energie gegeben hatte. Es war ungerecht und völlig unbegreiflich, dass Siko gerade jetzt, wo alle Gefahren vorbei waren, sterben musste.

Zehn Jahre später warfen wir mit der »Dagmar Aaen« auf dem Weg nach Norden am Qamarujuk-Gletscher den Anker – dort, wo wir seinerzeit den Aufstieg zum Inlandeis begonnen hatten. An einer Felswand, schwer zu finden, hatte man zwischenzeitlich eine kleine Gedenkplakette angebracht, die an Alfred Wegener erinnerte. Es war ein merkwürdiges Gefühl, auf den eigenen Spuren zu wandeln und den Blick über die Weite des Inlandeises streifen zu lassen. Da wir kein Gepäck zu schultern hatten, stiegen wir an einem Tag zum Inlandeis auf und wieder ab. Es war Sommer, der Gletscher war abgeapert, verfügte also über keine Schneeauflage mehr, und auf dem Inlandeis breiteten sich Schneesümpfe aus, die unsere Stiefel und Hosenbeine durchweichten. Wegeners alte Motorschlitten hatte man zwischenzeitlich mit einem Hubschrauber abgeborgen und nach Uummannaq gebracht, wo sie vor dem kleinen Museum ausgestellt wurden. Alles andere war so wie damals. Die verwitterten Kisten, das Heu, die alten Batterien. Frozen in time.

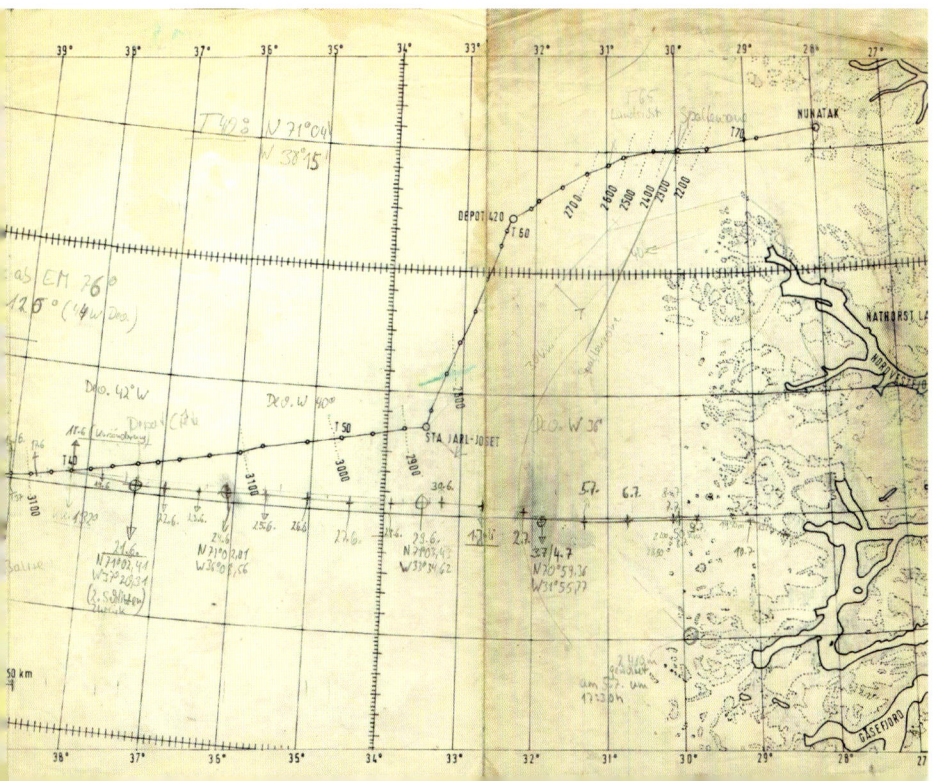

▲ Am Ende unserer Durchquerung lassen wir uns samt unseren Hunden von einem Helikopter nach Mestersvig ausfliegen. Verdreckt und abgemagert stehen wir nach 70 Tagen im Eis wieder auf festem Boden. Gegen Ende der Expedition hatten wir uns fast ausschließlich von Hundefutter ernährt.

◄ Die von Hand gezeichnete Plottingkarte mit unserer Expeditionsroute von 1983.

Die »Dagmar Aaen« segelt zwischen Eisbergen. Immer wieder brechen ganze Flanken von den treibenden Riesen ab.

Ilulissat
69°13′N; 051°06′W

Ilulissat, die Perle – der Inbegriff grönländischer Natur. Keine andere Ortschaft Grönlands zieht die Menschen mit solcher Kraft in ihren Bann wie diese Ortschaft an der Westküste. Rund 250 Kilometer nördlich des Polarkreises gelegen, ist sie die drittgrößte Stadt Grönlands mit etwa 4530 Einwohnern. Die Natur wuchert geradezu mit ihren Reizen – unmöglich, sich dieser Faszination zu entziehen. Die bunten Häuser, die verteilt auf den Klippen und Hügeln liegen, eine alte Kirche und ein Museum haben andere Orte auch zu bieten. Aber das hier alles dominierende Bild sind die gewaltigen Eisberge, die aus dem unmittelbar neben der Ortschaft liegenden Eisfjord heraustreiben. Er gilt als die Wiege der Eisberge. Der Sermeq-Kujalleq-Gletscher ist einer der aktivsten Gletscher der Welt und von der UNESCO zum Weltnaturerbe erkoren. Früher schob er sich mit 20 bis 25 Metern pro Tag talwärts, heute hat er aufgrund des Klimawandels seine Fließgeschwindigkeit nahezu verdoppelt. Im Sommer 2012 haben Wissenschaftler einen Kilometer oberhalb der Abbruchkante eine Fließgeschwindigkeit von unglaublichen 47 Metern pro Tag gemessen. Das ist die höchste jemals auf Erden gemessene Fließgeschwindigkeit eines Gletschers. Seit der Jahrtausendwende hat der Gletscher so viel Eis abgegeben, dass diese Einleitung den Weltmeeresspiegel um gut einen Millimeter ansteigen ließ. Allein von 2001 bis 2007 hat sich seine Abbruchkante um zehn Kilometer zurückgezogen – der Gletscher hat seine schwimmende Eiszunge eingebüßt. Unvorstellbare Mengen an Eis brechen von seiner Kante ab, stürzen tosend ins Meer, drehen und wälzen sich wie ein gestrandeter Wal, bevor sie eine stabile Position einnehmen und langsam und majestätisch seewärts treiben. Zur Freude der Touristen und zum Ärger der Schifffahrt. Immer wieder treiben kleinere Eisberge vor die Hafeneinfahrt und

> **Immer wieder treiben kleinere Eisberge vor die Hafeneinfahrt und blockieren sie.**

blockieren sie. Aber die Grönländer haben natürlich Erfahrung mit solchen »Sitzblockaden«. Mit Schleppern drücken und bugsieren sie so lange an dem Koloss herum, bis er sich wiederstrebend in Bewegung setzt und langsam die Einfahrt freigibt. Bis zum nächsten Morgen. Dann ist er mit der Flut wieder auf Position getrieben, und das Ganze beginnt von vorn.

Die Größe der Eisberge wird erst deutlich, wenn man einen Größenvergleich hat, etwa Schiffe, die zwischen den treibenden Riesen fahren. Bisweilen ist die Eisbergdichte so hoch, dass Kreuzfahrtschiffe – ständige Gäste an diesem Küstenabschnitt – das Anlanden oder Ausbooten der Gäste absagen müssen. Es ist dann schlicht zu gefährlich. Eisberge haben hier immer Vorfahrt – auch vor der nobelsten schwimmenden Touristenherberge. Wer von der Terrasse eines der mittlerweile zahlreichen Hotels über die Bucht blickt, wähnt sich in einem Film, wie ihn die Traumfabrik Hollywood nicht besser hätte inszenie-

Aufbrechende Eisfelder treiben vor der Küste und kündigen den Frühling an. Es ist immer wieder erstaunlich, wie schnell sich der Wechsel der Jahreszeiten vollzieht. Scheinbar solides Eis wird von der Sonne und vom warmen Meerwasser aufgezehrt.

ren können. Ein Superlativ in jeder Hinsicht. Kleine Ausflugsboote kreuzen zwischen den Eisbergen und fahren bisweilen bedenklich nah an die Eisgiganten heran, die gar nicht so stabil und robust sind, wie sie wirken. Immer wieder kommt es vor, dass einer von ihnen plötzlich das Gleichgewicht verliert und sich krachend und schäumend um die eigene Achse dreht, dabei Eisbrocken von der Größe eines Kleinwagens durch die Luft katapultiert und gewaltige Flutwellen aufwirft, die sich donnernd an den Klippen brechen. Unvorsichtige Wanderer, die die Tsunami-Warnschilder ignorieren und ahnungslos am Strand entlanglaufen, können leicht von einer solchen Welle erfasst und ins Meer gespült werden. Die Größe der Natur wird eben nicht nur durch eine statische Ruhe deutlich, sondern viel häufiger durch die ihr innewohnende unbändige Dynamik und Urgewalt. Aber die Grandiosität der Landschaft lässt sich auch aus sicherer Entfernung betrachten. Eine Wanderung, etwa auf markierten Wegen zum Eisford, gewährt auch dem in arktischen Angelegenheiten unerfahrenen Besucher gefahrlos einzigartige Eindrücke.

Ilulissat ist eine Repräsentantin des modernen Grönland. Hier gibt es Supermärkte, die sich kaum von denen unterscheiden, die wir von zu Hause her gewohnt sind, Boutiquen, Cafés, Restaurants, Fast-Food-Läden und Taxis. Die Hotels sind in einem gediegenen skandinavischen Ambiente gehalten, bieten eine ausgezeichnete Küche und Getränke aller Art. Bootsausflüge, Helikopterflüge – oder, wer es lieber traditionell mag, Hundeschlittentouren – die gesamte Palette organsierter Ausflüge lässt sich an diesem Ort buchen. Was unsere Freunde aus Siorapaluk dazu wohl sagen würden? Junge Grönländer, denen wir begegnen, sprechen von den »Eskimos da oben« und meinen ihre weitgehend traditionell lebenden Landsleute im Norden. Es geht ein kultureller Riss durch das Land. Grönland ist selbstbewusst geworden und hat erkannt, dass eine unabhängige Zukunft nur im wirtschaftlichen Wachstum liegt. Aber darf es zu einem Ausverkauf der Natur führen? Es werden Konzessionen an Ölgesellschaften für Probebohrungen vergeben. In der Diskobucht vor Ilulissat wurden 2009 und 2010 Probebohrungen durchgeführt. Ob das wohl mit den Eisbergen abgestimmt war? Was macht man eigentlich, wenn ein solcher Koloss beschließt, genau auf die Bohrstelle zu driften? So einfach auf den Haken nehmen und abschleppen lässt er sich nämlich nicht. Ein Unfall mit einer Bohrinsel in dem sensiblen Ökosystem der Arktis hätte verheerende Folgen für die Natur. Und man mag spätestens seit der Katastrophe der »Deepwater Horizon« im Golf von Mexiko – der bisher größten

▲ Ilulissat ist eine würdige Repräsentantin des modernen Grönlands. Wunderschön gelegen, bietet sie nahezu alles, was ein Tourist mit gehobenen Ansprüchen erwartet.

Ölkatastrophe der Geschichte – nicht mehr so recht an die Verharmlosungsbemühungen der Ölmultis glauben. Aber zumindest in der Diskobucht haben die Probebohrungen offenbar keine förderungswürdigen Vorkommen zutage gebracht. Zum Glück – aus meiner Sicht, auch wenn diese Einschätzung bei den Grönländern nicht sehr populär ist. So sehr die Grönländer ihre Insel und die Natur lieben, es gibt dennoch nicht wenige unter ihnen, die bereit wären, einen Teil dieser Natur zu opfern. Mit Ausnahme der Jäger, versteht sich. Aber sie haben längst erkannt, dass sie in der Minderheit sind und eine aussterbende Spezies darstellen. Es gibt Überlegungen, einige der kleinen Siedlungen im Norden und an der Ostküste zu schließen – aus Kostengründen, und weil sie heute keiner mehr braucht, wie man im Süden meint. Aber man muss trotz aller verständlichen Empörung über solche Vorschläge gerecht bleiben. Grönland ist innenpolitisch zwar weitgehend selbstständig, außenpolitisch und finanziell aber nach wie vor von Dänemark abhängig. Mit rund 500 Millionen Euro subventioniert die dänische Regierung jährlich den grönländischen Staat. Das ist etwa die Hälfte des grönländischen Etats. Das Staatsoberhaupt ist nach wie vor

> »Wir denken anders, wir sehen anders aus und wir sprechen anders als die Dänen.«

Königin Margarethe II. Auch wenn die Kolonialzeit offiziell bereits 1953 endete und sich Dänemark stets viel fairer und engagierter gezeigt hat, als das bei anderen Kolonialherren der Fall war: Die Grönländer möchten komplett selbstständig sein. »Wir denken anders, wir sehen anders aus und wir sprechen anders als die Dänen«, hört man die Grönländer immer wieder sagen. Aber so lange nicht genügend Devisen ins Land fließen, wird das ein Traum bleiben. Deshalb sind einige Grönländer bereit, Abstriche beim Naturschutz zu machen. Grönland verfügt über die begehrten Seltenen Erden, über Gold, Diamanten, Zink, Nickel, Mangan, Uran – und offenbar Öl. Große Bergbau- und Ölkonzerne signalisieren Interesse. Bleibt zu hoffen, dass die Grönländer zumindest solide Verträge aushandeln – und den Umweltschutz dabei nicht aus den Augen verlieren.

Ilulissat ist ein liebenswerter Ort. Die Menschen sind freundlich, sie sind den Umgang mit Touristen gewohnt und haben sich ihre lockere und unbeschwerte Lebenseinstellung bewahrt. Und man muss das Licht, die Eisberge und den Eisfjord einfach mal gesehen haben. Es gibt kaum etwas Vergleichbares. Ilulissat ist eine würdige Repräsentantin des modernen Grönland.

▲ Der Blick auf den Eisfjord, in dem eine nicht endende Prozession von Eisbergen langsam Richtung Meer treibt.

Eine eiskalte Brise weht uns
entgegen. Die Südspitze Grönlands
liegt etwa auf gleicher Höhe wie
das norwegische Oslo. Trotzdem
ist das Wetter häufig stürmisch
und wechselhaft.

Der Süden
59° 46′ N; 043° 55′ W

Die Nordspitze Grönlands liegt nur 730 Kilometer vom geografischen Nordpol entfernt – der äußerste Süden Grönlands, das Kap Farvel, liegt hingegen etwa auf der gleichen geografischen Breite wie die norwegische Hauptstadt Oslo. Dazwischen liegen 2500 Kilometer Wildnis – und 10 % der gesamten Frischwasservorräte der Erde in Eis gebunden. Die komplette Küstenlinie Grönlands beträgt ca. 40 000 Kilometer, das würde reichen, um einmal den Äquator zu umrunden. Während im Norden die Temperatur im Sommer selten über 10 °C steigt, klettert das Thermometer im vergleichsweise milden Südwesten auf über 20 °C. Die Vegetation an den eisfreien Küstenstreifen nimmt zu, je weiter man nach Süden kommt. Kleine Bäumchen und Birken wachsen in den geschützten Senken, was dazu führte, dass Menschen dort siedelten. Der Name »Grönland – grünes Land« findet hier seinen Ursprung. Und nicht, wie häufig von Skeptikern des Klimawandels kolportiert wird, in der Annahme, dass es früher schon mal warm und grün auf Grönland gewesen ist und der aktuelle Klimawandel einfach nur ein Zyklus der Natur sei. Klimaschwankungen hat es natürlich immer gegeben, aber die derzeit beobachteten Auswirkungen des Klimawandels – besonders in den letzten drei Jahrzehnten – werden von Wissenschaftlern eindeutig den von uns Menschen verursachten Treibhausgasemissionen zugeordnet.

Etwas südlich der zweitgrößten Stadt Grönlands, Sisimiut, verläuft der Polarkreis. Der Westgrönlandstrom schiebt relativ warmes Wasser vom Kap Farvel nach Norden und sorgt für eine reichhaltige Meeresflora und Fauna. Fischerei ist derzeit einer der wichtigsten Erwerbszweige Grönlands. Heilbutt, Kabeljau und Shrimps werden von den grönländischen Fischereifahrzeugen angelandet, in den Fischfabriken verarbeitet und für den Export vorbereitet. Die Angst vor den europäischen Fangflotten und vor der damit verbundenen Überfischung der heimischen Gewässer führte letztlich dazu, dass die Grönländer 1985 aus der Europäischen Gemeinschaft austraten. Grönland hat aber weiterhin den Status eines »assoziierten überseeischen Landes« innerhalb der EU.

◀ Ein Arktischer Saibling wird zum Lufttrocknen in die Wanten des Schiffes gehängt. Nach einigen Tagen schmeckt das so konservierte rohe Fischfleisch ausgezeichnet.

109

Sisimiut und die Hauptstadt Nuuk können von Versorgungsschiffen sogar ganzjährig angelaufen werden. In Nuuk leben 16 000 Einwohner. Es gibt eine Universität, ein wirklich sehr sehenswertes Nationalmuseum sowie große, für Grönland untypische Apartmenthäuser und einen Hafen, der als Drehscheibe für die unterschiedlichen Waren und Konsumgüter dient, die entlang der Küste verteilt werden. Nuuk hat mich nie sonderlich angezogen. Es ist für mich einfach artfremd. Eine pulsierende Kleinstadt, aber eben nicht das Grönland, das ich suche.

Das Grönland, das ich suche, das sind eher die stillen Buchten und Fjorde. Kleine Siedlungen. Und davon gibt es in Grönland einen schier unerschöpflichen Vorrat. Man läuft Gefahr, sich in Aufzählungen zu verlieren. Ein absolutes Highlight ist der etwa 100 Kilometer lange Prins-Christian-Sund im Süden der Insel. Der Sund trennt die im Süden vorgelagerten Inseln mit dem wegen seiner Sturmhäufigkeit berüchtigten Kap Farvel vom restlichen Grönland. Er bietet auch für große Schiffe eine sichere Passage von der Irmingersee an der Ostküste hin zur Labradorsee im Westen.

Die Passage um das stürmische Kap Farvel ist durchaus mit einer Passage um Kap Hoorn oder das Kap der Guten Hoffnung zu vergleichen. Besonders im Winter, wenn die Tage kurz sind, und Treibeisfelder vom Ostgrönlandstrom entlang der Küste geschoben werden. Dazwischen Eisberge und immer wieder heftiger Sturm, der einerseits durch die Tiefdrucksysteme entsteht, andererseits durch katabatische Winde, die sich mit furchtbarer Gewalt vom Inlandeis herunterstürzen, begünstigt wird. Überkommende Gischt führt zu schwerer Vereisung der Aufbauten von Schiffen. Dadurch wird der Stabilitätsumfang gefährlich verändert. Kein Zweifel: Kap Farvel ist ein gefährlicher Ort für Schiffe. Es ist nur nicht so bekannt wie die anderen großen Kaps. Die »Hans Hedtoft«, ein 88 Meter langes neues Passierschiff, das eigens für die Grönlandfahrt in Dänemark entwickelt und gebaut worden war, sank im Januar 1959 mit 95 Personen an Bord, nachdem das Schiff mit einem Eisberg kollidiert war und Wassereinbruch meldete. Die zu Hilfe eilenden Schiffe konnten keine Überlebenden mehr finden. Das Schiff sank, ohne weitere Spuren zu hinterlassen. Gelegentlich rufe ich zu Hause die Wetterdaten von Kap Farvel auf, sogenannte GRIB-Daten, die Windstärken und Wellhöhen anzeigen. Besonders im Winter läuft es einem selbst in der geheizten und sicheren heimischen Umgebung kalt über den Rücken. Orkanstärke und Wellhöhen von 10 bis 20 Metern sind keine Seltenheit, eher die Regel. Häufig dauern Stürme über Tage und werfen dann einen furchtbaren Seegang auf. Ist das eine Sturmtief durchgezogen, zieht sofort ein anderes hinterher. Es ist eine nicht enden wollende Prozession an Sturmtiefs, die sich um das Kap zwängen.

Wir waren im Sommer 1993 von Island kommend um Kap Farvel gesegelt und hatten einen empfohlenen Abstand von 100 Seemeilen vom Kap eingehalten. Trotzdem erwischte uns ein heftiger Oststurm mit enorm hohem Seegang. Zugleich stürmte es um 90° versetzt von Steuerbordseite vom Inlandeis herab. Das Aussteuern der sehr hohen, teilweise brechenden Seen, vor denen wir nur unter Sturmfock abliefen, erforderte unsere ganze Konzentration. Ein Fehler, und das Schiff wäre quergeschlagen. In gewissen Abständen kamen völlig unvorhersehbar Sturzseen von Steuerbord querab. Ich entsinne mich gut: Ich stand mit dem Rudergänger Jörn Bohlmann am Steuerstand, gut gesichert mit Lifebelts. Plötzlich stellte sich auf Steuerbordseite eine hohe, wie grünes Glas wirkende Wasserwand auf und brach mit ganzer Gewalt über das Schiff. Ich habe weder vorher noch hinterher jemals so viel Wasser an Deck der »Dagmar Aaen« gesehen. Das Schiff war total überspült, und alles, was nicht gut gelascht war, wurde von Deck gewaschen. Für Sekunden war das gesamte Schiff unter Wasser begraben. Dann tauchte es wieder auf, das Wasser schoss von Deck, und der stäbige Nordseekutter schüttelte sich förmlich, um seinen Weg fortzusetzen. Durch einen Spalt im Niedergang zur Navigation war Wasser eingedrungen und hatte

Kein Zweifel:
Kap Farvel ist
ein gefährlicher
Ort für Schiffe.

Der Prins-Christian-Sund im Süden
Grönlands ermöglicht es Schiffen,
während des Sommers die stürmische und gefährliche Passage um
das Kap Farvel zu umgehen. Zudem
zählt eine Fahrt durch dieses
Innenfahrwasser zu den absoluten
Highlights eines Grönlandbesuches
auf dem Wasserweg.

▼ Fast mystisch mutet der Eisberg an, den man hinter der Nebelbank mehr erahnen als sehen kann.

mehrere Geräte zerstört. Die Pumpen beförderten das Wasser umgehend wieder über Bord. Wir waren mit einem blauen Auge davongekommen. Am nächsten Morgen hatten wir das Kap gerundet und liefen in eine spiegelglatte See ein, bei Windstille und Sonnenschein. Größer hätte der Kontrast nicht sein können. Bei der nächsten Umrundung in den folgenden Jahren hielt ich einen noch größeren Abstand zu dem Kap ein.

Das enge Fahrwasser des Prins-Christian-Sundes bietet Schutz vor solchen Sturmseen. Eisberge und Gletscher sowie 1000 Meter hohe Klippen lassen die ganze Urgewalt Grönlands zum Leben erwachen. Auf halbem Weg durch den Sund liegt die kleine Siedlung Aappilattoq. Im Oktober 2004, bereits spät im Jahr, hatten wir auf unserem Weg von der erfolgreichen Durchfahrung der Nordwestpassage dort Station gemacht. Die Passage war hart gewesen. Erst am 27. September waren wir unter großen Schwierigkeiten aus dem Eis der Passage herausgekommen und hatten anschließend eine stürmische Überfahrt entlang der grönländischen Küste durchlebt. Wir waren ausgepowert und irgendwie urlaubsreif. Da waren der Prins-Christian-Sund und das kleine Dorf mit gerade einmal 130 Einwohnern genau richtig. An einem wackligen Anleger durften wir festmachen und wurden sofort herzlich willkommen geheißen. Ein paar Fragen wurde gestellt, einige neugierige Kinder kamen vorbei – dann ließ man uns in Ruhe. Es waren warme, sonnige und stille Herbsttage. Balsam für unsere strapazierten Seelen. Die Zeit der Kreuzfahrtschiffe war vorbei. Nachts wurde es bereits empfindlich kühl, tagsüber wanderten wir in den Bergen herum,

genossen die Stille, den Duft des Grases und der würzigen Seeluft. Es war wie eine Herbst-wanderung in den Alpen. Der unglaubliche Fernblick in der klaren Luft, die Berge, das Eis – ich fühlte mich wieder geerdet, meine Energien kamen langsam zurück. Es lag noch die Rückreise im November über den Nordatlantik bis nach Hamburg vor uns. Wir würden unsere ganze Energie dafür brauchen. Deshalb empfanden wir diesen Aufenthalt so in-tensiv – wie ein großes Freiluftsanatorium. Es ist unmöglich, sich der Strahlkraft dieser Landschaften zu entziehen. Dazu die zurückhaltende Freundlichkeit der Grönländer, die uns einluden, uns ihre Waschräume zur Verfügung stellten und uns mit frischem Fisch versorgten.

Nach ein paar Tagen Aufenthalt fühlten wir uns fit und gestärkt für die Weiterfahrt. Am Ausgang des Prins-Christian-Sundes gibt es noch eine dänische Wetterstation. Eigent-lich hatten wir den Meteorologen einen kurzen Besuch abstatten wollen, aber die Schön-wetterphase war endgültig vorbei. Ein hoher Ozeanschwell drängte in den Sund, Vorbo-te der stürmischen Irmingersee, die auf uns wartete. Eine Anlandung war unter diesen Gegebenheiten undenkbar. Über Funk holten wir aktuelle Wetterprognosen ein und berichteten kurz, woher wir kamen und wohin wir wollten. Langsam blieb die Wetter-station zurück. Düster und grau, mit weißen Gischtfahnen durchsetzt, empfing uns das Meer. Wir alle sehnten uns insgeheim nach der Ruhe und Geborgenheit von Aappilattoq zurück.

▼ Im Kontrast: stürmische See in der Dänemarkstraße.

Schweres Wetter an der Ostküste Grönlands. An Deck der »Dagmar Aaen« sind Strecktaue gespannt, an denen sich die Mannschaft sichern kann. Ständig muss mit Eis gerechnet werden, das sich in der aufgewühlten See nur schwer ausmachen lässt.

Tunu – Die abgewandte Seite
65°36′N; 037°38′W

E s ist die gewaltigste Landschaft, die der gesamte arktische Raum zu bieten hat: der Osten Grönlands. »Tunu – die abgewandte Seite« wird dieser Teil Grönlands von seinen Bewohnern genannt. Diese Bezeichnung sagt alles aus. Es ist die Schattenseite – obwohl im Osten die Sonne aufgeht. Es ist der Teil Grönlands, der sich dem menschlichen Zugriff weitgehend entzieht. Schroff, abweisend, die Küste wie durch ein Bollwerk von den meterdicken Packeisfeldern des Ostgrönlandstromes abgeschottet, darin eingebettet ungezählte Eisberge, die wie bizarre Kastelle wirken. Und dann die Piteraqs: Furchtbare Stürme, die jäh und unvermittelt auftreten, Windgeschwindigkeiten von weit über 200 Stundenkilometern erreichen und selbst faustgroße Fels- und Eisstücke wie Geschosse durch die Luft fliegen lassen. Orkanartige Stürme, die plötzlich und mit aller Heftigkeit einsetzen, gibt es häufig auf Grönland, sowohl im Westen als auch im Osten. Aber keiner ist so gefürchtet wie der Piteraq, der nur an der Ostküste vorkommt. Mit ungeheurer Wucht bricht er aus, wirft Boote um, drückt Türen ein und versetzt Menschen und Tiere in Angst und Schrecken. Wehe dem Jäger, der sich nicht rechtzeitig in Sicherheit bringen kann. Der Sturm ist wirklich lebensgefährlich – jedes Kind wächst in diesem Bewusstsein auf. Und wenn der Sturm nicht weht, ziehen dicke, nasse und bleischwer wirkende Nebelbänke auf. Das ist der Sommer – unterbrochen von sonnendurchfluteten Stunden und Tagen, an denen man es problemlos im T-Shirt draußen aushält – auch um Mitternacht, weil im Sommer die Sonne nicht untergeht.

Die längste Zeit des Jahres aber herrscht Winter mit bitterer Kälte und flammenden Polarlichtern. Wer einen der sonnigen, stillen Tage erwischt, wird der glücklichste Mensch der Welt sein. Die Szenerie ist magisch und mit einem hohen Suchtpotenzial versehen. Wer glaubt, die Berge und Fjorde im Westen Grönlands sind an Urgewalt nicht zu übertreffen, der hat den Osten noch nicht gesehen. Dort ist alles noch gewaltiger, einsamer, wilder, bedrohlicher, archaischer.

Im Jahre 1884 erreichte der dänische Forschungsreisende und Marineoffizier Gustav Holm mit traditionellen grönländischen Umiaks die Ostküste in der Region Tasiilaq. Die Umiaks waren offene, fellbespannte Boote, in denen mehrere Personen samt Ausrüstung Platz

◄ Die »Dagmar Aaen« pflügt durch die Dänemarkstraße Richtung Blossevilleküste.

fanden und die von den Grönländern neben dem Kajak als Transportmittel eingesetzt wurden. Häufig wurden sie von Frauen gerudert, weshalb sie auch den Namen »Frauenboote« trugen. Sie eigneten sich besonders dazu, die engen Kanäle zwischen den driftenden Eisschollen auszunutzen. Wurde das Eis zu dicht, zog man die Boote einfach auf eine Scholle und damit aus der Gefahrenzone heraus. Mit den Umiaks war Holm an der Westküste Grönlands aufgebrochen, um im Verlauf der Expedition den südlichen Teil der Ostküste Grönlands erstmals zu erforschen. Dort traf er auf Menschen, die noch niemals zuvor Kontakt mit der Außenwelt gehabt hatten. Häufig hat die Entdeckung von isolierten Naturvölkern zu deren Exodus geführt. Die Gustav-Holm-Expedition machte hier eine glückliche Ausnahme. Die Lebensumstände der Ivi – wie sich die Menschen dort nennen – waren verzweifelt. Für Holm war es die Begegnung mit der Steinzeit. Außer Treibholz und Knochen sowie Werkzeugen aus Stein besaßen die Menschen nichts. Etwa 400 Ivi lebten damals noch in den Fjorden verteilt. Ihr Leben war bestimmt von Aberglauben und Ritualen. Schamanen, Angakoqs genannt, waren die mächtigsten Personen. Sie heilten Krankheiten, versuchten Stürme und Gefahren abzuwenden und beschworen die Geister, um für eine erfolgreiche Jagd zu sorgen.

> Häufig hat die Entdeckung von isolierten Naturvölkern zu deren Exodus geführt.

Selbst Tote sollen sie gelegentlich erweckt haben, so die Legende. Ein Angakoq war die moralische Instanz und die Verbindung zu den Geistern, gleichermaßen gefürchtet und respektiert. Die Ivi waren damals buchstäblich am Ende. Das Wild war fortgezogen, es gab nicht genug Nahrung. Viele der Menschen waren bereits verhungert. Selbst diese Meister der Anpassungsfähigkeit an das arktische Klima waren an ihre Grenzen gestoßen. Das Land gab einfach nicht mehr genug her, um auf Dauer zu überleben. Holm zählte in den umliegenden Dörfern insgesamt 413 Menschen. Als eine weitere Expedition 1892 – acht Jahre nach Gustav Holm – dort eintraf, lebten gerade noch 294 Grönländer. Sie waren die letzten Repräsentanten jener Paläoeskimos, die vor Tausenden von Jahren ihre Wanderung entlang der grönländischen Küste begonnen hatten. Ihre Verwandten weiter im Norden waren zu diesem Zeitpunkt vermutlich schon ausgestorben. Ihre verfallenen Siedlungen findet man noch heute an der Ostküste. Aber außer eines einzigen überlieferten Zusammentreffens des britischen Forschungsreisenden Clavering im Jahre 1823 mit einer Ivi-Familie sind keine weiteren Begegnungen mehr verzeichnet. Die Rentiere waren vermutlich infolge eines besonders eisigen und harten Winters ausgestorben. Ihre Abwurfstangen findet man noch heute vereinzelt in der Tundra. Mit den Rentieren verloren die Menschen eine wichtige Nahrungsquelle. Neben anderen Gründen mag dies eine Ursache sein, die zum Exodus der Nordostgrönländer führte.

▲ Die Einfahrt zum Kangerlussuaq-Fjord ist meistens durch Gletschereis versperrt. Zweimal – 2006 und 2014 – ist es uns gelungen, in den Fjord einzufahren.

▶ An einem schönen, sonnigen Tag segelt die »Dagmar Aaen« an der Ostküste Grönlands. Im Hintergrund die unzugänglichen Ausläufer des Inlandeises. Tage wie diese sind es, die einen verzaubern und die Sturmtage vergessen lassen.

116

▲ Tausende von Ölfässern und andere Hinterlassenschaften der ehemaligen US-Luftwaffenbasis Ikateq liegen in der Nähe von Tasiilaq. Dampfkessel, Lastwagen – die Amerikaner rückten 1950 innerhalb weniger Tage ab und ließen einfach alles stehen und liegen.

▲▶ Die Kirche von Tasiilaq. Davor lagert ein Umiak – ein Frauenboot – auf einem Holzgestell. Mit Booten dieses Typs führte Gustav Holm seine berühmte Frauenboot-Expedition durch.

D ie dänische Regierung erklärte kurz nach der Rückkehr Gustav Holms die gesamte Tasiilaq-Region zum Sperrgebiet, um die Ivi vor ansteckenden Krankheiten zu schützen. 1894 errichteten die Dänen die erste Handelsstation, die sie Ammassalik nannten. Erste Missionare erhielten Zugang. Deren Intention bestand primär darin, die heidnischen Bräuche auszurotten und die Menschen zu christianisieren. Eine Tausende Jahre alte Kultur wurde wie so oft einfach überrollt. Gustav Holm und einigen anderen Forschern ist es aber zu verdanken, dass die bis dahin völlig unbeeinflusste Steinzeitkultur aufgezeichnet und überliefert wurde. Zahlreiche der von Holm gesammelten Artefakte sind heute im Nationalmuseum in Nuuk zu besichtigen.

Mit Beginn der dänischen Siedlung besserte sich zwar die Versorgungslage der Menschen, aber mit den Europäern kamen bis dahin völlig unbekannte Krankheiten – und Alkohol zu den Ivi. Der jähe Wechsel von einer archaischen Jägerkultur hin zu europäischen Lebensnormen war ein Spagat, den nur die wenigsten der Ivi schafften. Übermäßiger Alkoholkonsum, daraus resultierend Gewalttätigkeiten, Mord, Totschlag und Vergewaltigungen waren die Folge – und sind es traurigerweise bis zum heutigen Tag. Das soziale Gefüge, über Jahrhunderte durch ein gemeinsam getragenes Identitätsverständnis entstanden, war dahin.

Trotz Alkoholexzessen und Krankheiten erholte sich die Bevölkerungszahl. Aber Tasiilaq blieb eine Enklave – und ist es im Grunde genommen bis heute. Tasiilaq erreicht man am besten von Island aus. Auf der Insel Kulusuk wurde ein Flughafen eingerichtet, der regelmäßig von Island angeflogen wird. Der Westen Grönlands und der Osten bilden zwei Welten – auch verkehrstechnisch.

Heute leben etwa 2000 Menschen in Tasiilaq, in der gesamten Region sind es etwas mehr als 3000 Menschen. Es gibt ein Krankenhaus, eine Schule, eine Polizeistation und Supermärkte. Die Schiffe der Royal Arctic Line laufen den Hafen von Tasiilaq regelmäßig während der Sommermonate an. Die Versorgungslage ist gut. Es gibt ein funktionierendes Mobilfunknetz, Satellitenfernsehen, Hotels und Bars – und natürlich Beutelklos. Und es gibt die Langeweile. Die Naturbezogenheit der jungen Grönländer schwindet. Fernsehen und Internet tragen eine andere Welt in die dörfliche Monotonie. Unter allen eskimoischen Völkern gibt es eine erschreckend hohe Suizidrate – hier scheint sie besonders hoch zu sein. Der Tourismus spielt eine zunehmend wichtige Rolle. Neben der Fischerei ist er mittlerweile der wichtigste Erwerbszweig. Die Ivi haben gelernt, mit den fremden Besuchern umzugehen. Bootsausflüge werden angeboten, um zu den kleinen abgelegenen Dörfern zu gelangen. Angeltouren für Sportfischer gehören zum Programm sowie geführte Wanderungen in die Umgebung. Die Tasiilaq-Region ist heute gut erschlossen.

Der Naturliebhaber kommt hier allemal auf seine Kosten. Vielleicht empfinden einige der jungen Grönländer das Naturverhältnis der Touristen nicht als aufdringlich, sondern als inspirierend. Vielleicht finden sie damit ein wenig zurück zu ihrer angestammten Natur-bezogenheit.

Nördlich davon jedoch scheint die Zeit stillzustehen. Das Inlandeis reicht bis zum Meer hinab, eisige Bergmassive, die höchsten Grönlands, ragen in den Himmel, und eine Pha-lanx aus Eisbergen macht jede Annäherung zu einem riskanten Unterfangen. Hier wohnt niemand.

Erst 200 Seemeilen weiter im Norden öffnet sich der gewaltige Kangerlussuaq-Fjord. Von dort nach Island ist es etwa genauso weit wie von Tasiilaq nach Island – knapp eineinhalb Tage für die »Dagmar Aaen«. Island und Grönland liegen unmittelbar beieinander, wie zwei ungleiche Schwestern, und tatsächlich haben sie nichts gemein. Es ist, als gäbe es eine imaginäre, unüberwindbare Grenze zwischen den beiden Inseln. Gelegentlich verirrt sich sogar ein ausgehungerter Eisbär bis in die Nordwestfjorde Islands, wo er dann meist schnell entdeckt und geschossen wird, bevor er Menschen gefährlich werden kann. Für uns ist Island immer wieder Ausgangspunkt für unsere Expeditionen an die Ostküste gewesen. Und das, obwohl das Seegebiet zwischen den beiden Inseln, die Dänemarkstraße, unter Seeleuten berüchtigt ist wegen seiner heftigen Stürme, dem Nebel und den Eisfeldern des Ostgrönlandstromes. Diese Meeresströmung hat ihren Ursprung irgendwo im Norden Ostgrönlands, in der sogenannten Framstraße. Von dort zieht das kalte polare Wasser, das mit Packeis bedeckt ist, Richtung Süden. Es folgt der gesamten Ostküste, bis es sich auf der Höhe von Island mit dem wärmeren Wasser des Irmingerstromes mischt. Nachdem der Strom schließlich den Südzipfel Grönlands umrundet hat, tauscht er seinen Namen und wird zum Westgrönlandstrom. Die Fließgeschwindigkeit ist erheblich. Zweimal, 2011 und 2013, haben wir Driftbojen im Eis abgesetzt, die täglich ihre Position an uns gesendet haben. Daraus entstand ein Logbuch über die Fließgeschwindigkeit. Eine Flaschenpost, die wir zusätzlich auf einer Eisscholle abgesetzt haben, wurde ein Jahr später in Norwe-gen angespült und dort von einem Jugendlichen gefunden. Dieser Eisstrom hat noch im letzten Jahrhundert jeden Annäherungsversuch von Schiffen oder gar Yachten zu einem extrem gefährlichen und waghalsigen Unterfangen werden lassen. Zahlreiche Schiffe sind beim Versuch, die Küste zu erreichen, vom Eis zerdrückt worden. Erst in den letzten zehn Jahren hat sich die Eislage dank des Klimawandels dramatisch verändert.

Der Kangerlussuaq-Fjord erstreckt sich circa 70 Kilometer zwischen Kap Hammer und Kap Deichmann bis zum gleichnamigen Kangerlussuaq-Gletscher, der zu den aktivsten der ge-samten Ostküste zählt. Entsprechend dicht ist der Fjord mit Eisbergen gepackt. Zeitweilig

▲▲ Immer ist das Inlandeis gegenwärtig. Seine gewaltigen Gletscherströme schieben unab-lässig ungeheure Eismassen in die Fjorde, die als Eisberge weiter Richtung See treiben.

▲ Bohrlöcher von Geologen, die auf der Suche nach wertvollen Mineralien bei der Skaergard-halbinsel im Kangerlussuaq-Fjord Proben genommen haben.

▲ Die Ortschaft Tasiilaq. Es ist der größte Ort an der Ostküste. In dem weit verzweigten Fjordsystem gibt es auch einige kleinere Siedlungen.

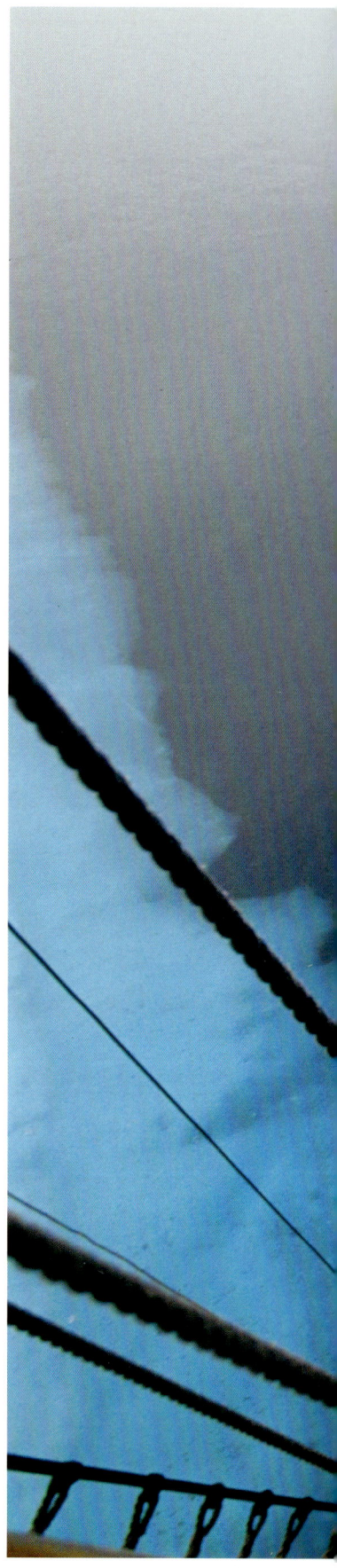

stehen sie so dicht beieinander, dass man Schwierigkeiten hat, einen Weg hindurch zu finden. Es ist die Ambivalenz, die einen angesichts dieser Riesen packt: Sie wirken gleichsam faszinierend, verlockend und bedrohlich zugleich. Immer wieder brechen an den Flanken riesige Eisplatten ab, zerbersten in Tausende von Einzelteilen, die dann das Wasser bedecken und polternd gegen die Bordwand stoßen. Etwa 4 % der gesamten Eisproduktion des grönländischen Eisschildes fließen über diesen Gletscher ins Meer. Damit zählt er zu den aktivsten Gletschern der Erde. Die Veränderlichkeit dieses Gletschers über die letzten Jahre hat die Diskussion um den Klimawandel bzw. dessen Auswirkungen auf das Grönlandeis befeuert. Im Jahre 2005 erreichte der Gletscher eine Fließgeschwindigkeit von unglaublichen 1,6 Metern pro Stunde. Seitdem ist der Gletscher pro Jahr um bis zu vier Kilometer zurückgewichen und hat erheblich an Volumen eingebüßt. Diese superaktive Phase aus dem Jahre 2005 wird auf einen sogenannten Surge zurückgeführt, bei dem große Mengen Eis abrutschen und ins Meer stürzen. Der Massenverlust des grönländischen Inlandeises ist schlichtweg dramatisch, wie auch die Untersuchungen des deutschen Geowissenschaftlers Wilfried Korth bezeugen. Seit 2002 hat Korth insgesamt viermal das Inlandeis auf exakt der gleichen Route auf einer Länge von 700 Kilometern auf Ski durchquert und dabei mit moderner Messtechnik die exakte Höhe des Eisschildes bestimmt. 2012 war eine weitere Durchquerung versucht worden, die aber aus logistischen Gründen abgebrochen werden musste. Trotzdem wurden auch bei dieser Expedition Messungen an der Ostküste durchgeführt. Korth folgte dabei der historischen Route von Alfred de Quervain, der 1912 das Inlandeis durchquert hatte. Die Messgenauigkeit, die Korth und seine Kollegen mittels 12-h-GNSS-Messungen in insgesamt 35 Camps realisiert haben, weist eine Genauigkeit von ± 2 Zentimetern auf. Laut Korth können »die Änderungen der Geometrie von Gletschern als ein klimabedingtes Signal interpretiert werden. Wenn aus Höhenänderungen direkt auf Massenänderungen geschlossen wird, spricht man von spezifischen Massenbilanzen«.

Umsichtig manövriert die
»Dagmar Aaen« durch Eisfelder.
Die einzelnen Schollen sind unge-
fähr zwei Meter dick und wiegen
ein Vielfaches des Schiffes. Man
kann sie mithilfe des Motors vorsichtig beiseitedrücken – sofern
genug Platz vorhanden und die
einzelne Scholle nicht zu groß ist.

Bei den zuerst durchgeführten Messungen 2002 und 2006 wurde deutlich, dass der bis dahin beobachtete Höhenzuwachs stagnierte und eine Volumenabnahme von etwa 20 % festzustellen war. Bei den Messungen der Folgejahre stieg der Höhenverlust sprunghaft auf »den drei- bis vierfachen Betrag an«. Korth weiter: »Es kann davon ausgegangen werden, dass inzwischen ein starker Höhenverlust auf dem gesamten Profil zu beobachten ist und im wesentlichen Teil der Traverse ein jährlicher Höhenverlust von 5–10 Metern zu verzeichnen sein dürfte.«

Noch deutlicher werden die Veränderungen, wenn man sie mit den alten Daten von de Quervain vergleicht. 100 Jahre nach ihm hat Korth nochmals die alten Messstationen zu vergleichenden Messungen aufgesucht. »Am Zeltplatz 26 (1912) in ca. 1850 Metern Höhe ergab sich ein signifikanter Höhenunterschied. Etwa 40 Kilometer weiter zur Küste, in einer Höhe von 1460 m, betrug die Höhendifferenz –30 Meter und weitere 40 Kilometer nach Osten in 1240 m Höhe –70 m tiefer. Es konnte also ein Höhenverlust von durchschnittlich 100 m in einem Streifen von fast 100 km Breite festgestellt werden. Dabei kann angenommen werden, dass sich der größte Anteil dieses Höhenverlustes innerhalb der letzten 2–3 Jahrzehnte abgespielt hat. Es ist daher durchaus möglich, dass der Randbereich des südlichen Inlandeises in den nächsten 100 Jahren zwischen 300 und 600 m Höhe verlieren kann. Das ist mit einem Totalkollaps des Eiskörpers gleichzusetzen ... Ein derartiger Eismassenverlust wird in den nächsten Jahren zu einem Meeresspielanstieg von jährlich einigen Millimetern bis Zentimetern führen und damit den Betrag der sich aus thermischer Ausdehnung des Ozeanwasserkörpers ergibt, in naher Zukunft übersteigen.« Während ich diese Zeilen schreibe, ist Wilfried Korth erneut unterwegs, um das Inlandeis auf seiner definierten Route zu durchqueren und zu vermessen. Neue Ergebnisse liegen noch nicht vor. Dabei zählte Korth ursprünglich keineswegs zu jenen Wissenschaftlern, die von Anfang an vom Klimawandel überzeugt waren. Er war eher verhalten skeptisch. Seine Forschungsergebnisse haben ihn offensichtlich umdenken lassen.

▲ Auf der vorgelagerten Insel Nordre Aputiteq haben die Dänen nach dem Zweiten Weltkrieg eine bemannte Wetterstation errichtet, diese dann aber später wieder aufgegeben. Heute werden die Daten automatisch erfasst. Die alten Gebäude verfallen. Der kleine Naturhafen bietet ein wenig Schutz vor dem Eis.

Im nördlichen Teil des Kangerlussuaq-Fjordes liegt die Kraemer-Insel. Wir ankern in einer kleinen Bucht, die der englische Weltumsegler Sir Robin Knox Johnston 1991 erkundet hatte und sie nach seiner Yacht »Suhaili« getauft hat. Diese Bucht liegt auf 68°04,9'N und 031°57'W und bietet einen wunderbar geschützten Ankerplatz – gleichwohl gibt es auch hier Eis, und gelegentlich bricht unvermittelt der Piteraq herein. Aber es ist ein bombastischer Platz, eingerahmt von Bergen und Inseln und davor die Prozession von vorbeiziehenden Eisbergen.

In direkter Nachbarschaft liegt die Skaergardhalbinsel, die eine interessante geologische Formation aufweist. Hier lagern wertvolle Mineralien, über deren Abbaumöglichkeiten spekuliert wird. Der Rohstoffhunger treibt bisweilen skurrile Blüten. Neben einer verlassenen alten Ivi-Siedlung mit verfallenen Häusern, zerbrochenen Schlittenkufen und zahllosen Knochenresten von Robben finden wir in den felsigen Flanken der Halbinsel und später auch auf der benachbarten Kraemer-Insel immer wieder Bohrlöcher, die von Proben stammen, die man dort schon vor einigen Jahren entnommen hat. Man wähnt sich in einer menschenleeren, intakten Naturlandschaft, aber die Realität sieht anders aus. Immer war schon jemand vor einem da. Die Ivi waren die Ersten – sie gehören zu Grönland, zur Geschichte dieses Landes. Die neuen Besucher kommen nicht aus Grönland, und sie kommen auch nicht wegen des Naturerlebnisses. Sie kommen vielmehr aus Kanada, China, Schottland und anderen Ländern, und sie wollen die Bodenschätze ausbeuten. Es sind Prospektoren von Konzernen, die gerne die Rohstoffe abbauen und verkaufen würden. Man kann nur hoffen, dass die Grönländer gute Berater und Juristen zur Seite haben. Bei aller Rationalität und dem Verständnis für wirtschaftliche Interessen: Mir sträuben sich die Nackenhaare, wenn ich mir vorstelle, dass an dieser Stelle schweres Gerät, eine Bergarbeitersiedlung und ein Verladeterminal für Bulkcarrier entstehen sollten. Man muss kein Romantiker sein, um den Zauber dieser Landschaft zu spüren. Und um den unwiederbringlichen Verlust zu erahnen, den ein solcher Eingriff für die Landschaft bedeuten würde.

▲ Der Sommer geht dem Ende entgegen. Die Tage werden schnell kürzer und spürbar kühler. Die Farben aber, die die tief stehende Sonne an den Himmel zaubert, nehmen einen gefangen und lassen uns bisweilen länger verweilen als ratsam. Schnell kann das Wetter um diese Jahreszeit kippen.

Die drei Bergsteiger Pablo Besser,
Tim B. Frank und Cristian Donoso
beim Anstieg zum Gipfel des
Gunnbjörnfjeld, des höchsten
Berges nördlich des Polarkreises.
Die Schwierigkeit besteht weniger
in der Besteigung des Berges als
vielmehr im Weg dorthin.

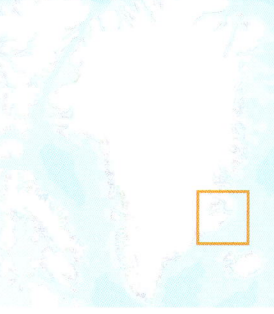

Der Scoresbysund
70° 29' N; 021° 58' W

Z wischen dem Kangerlussuaq-Fjord und dem nördlich davon gelegenen Scoresby-sund liegt die Blosseville-Küste. Ist die Ostküste Grönlands in ihrer Gesamtheit ohnehin schon unwirtlich, so ist dieser Abschnitt der Inbegriff an Kargheit. Die Natur hat auf jedes schmückende Beiwerk verzichtet. Fjorde wie der Mikis oder der Jakob-sen winden sich einige Meilen in die schroffen und vom Eis glatt geschliffenen Küsten-berge hinein. Vegetation? Fehlanzeige! Nur in den Niederungen, in den sonnengefluteten und vor dem Wind geschützten Bergmulden sprießt ein zaghaftes Grün. Ansonsten wirkt die Landschaft fast wie vulkanischen Ursprungs.

Noch Ende der Neunzigerjahre hätte ich es für unmöglich gehalten, mit einem Schiff wie der »Dagmar Aaen« diese Fjordlandschaft aufzusuchen. Der Ostgrönlandstrom verbot jede Annäherung, es war schlichtweg zu gefährlich. Die Zeiten haben sich geändert. Das ein-zige Eis, dem wir 2014 an der Küste begegneten, stammte von den Gletschern. Der Strom hat seine Fracht verloren. 2006 waren zumindest noch einige größere Eisfelder unterwegs, aber auch davon war im Sommer 2014 nichts zu sehen. Es geht nicht spurlos an einem vorbei, wenn man Zeitzeuge solcher Veränderungen wird. In den Neunzigerjahren war der Wunsch fast übermächtig, dort anzulanden – aber die Eislage verbot es. Diesem Diktat hatte man sich zu beugen. Es blieb eine unerreichbare Küste für uns.

Nur zehn Jahre später war alles anderes. Mit den gleichen Mitteln wie zuvor konnten wir die Küste und die Fjorde problemlos erreichen. Für meinen Ge-

Der Ostgrönlandstrom verbot jede Annähe-rung, es war schlicht-weg zu gefährlich.

schmack zu problemlos. Die Annäherung bekam den Makel der Beliebigkeit. Jeder, der ein wenig Seemannschaft beherrscht und einigermaßen sicher navigiert, kann das heute be-wältigen. Auf uns wirkte das Fehlen des vertrauten wie gefürchteten Packeises irritierend. Man schaute skeptisch um sich, vermutete, dass das Eis plötzlich aus einer Nebelwand auftauchte, dicht und bedrohlich. Aber da war nichts. Das Meer blieb leer.

Drei Crewmitglieder von uns hatten sich im Sommer 2014 vorgenommen, den höchsten Berg Grönlands, den Gunnbjörnfjeld, der zugleich der höchste Berg nördlich des Polarkrei-ses ist, zu besteigen. Das Problem ist nicht der Berg als solcher, der mit seinen 3700 Me-tern Höhe für Alpinisten nicht gerade die bergsteigerische Offenbarung darstellt. Die Schwierigkeiten bestehen vielmehr in dem Weg dorthin – und wieder zurück. »Moderne« Bergsteiger lassen sich heute in der Regel von Island aus einfliegen und unmittelbar am Fuß des Berges absetzen – in über 1000 Metern Höhe. Man brüstet sich gerne damit, dass man innerhalb weniger Tage nicht nur den Gunnbjörnfjeld, sondern gleich auch noch die umliegenden ähnlich hohen Gipfel bestiegen habe. Danach fliegt man wieder zurück nach Island. Der lange und schwierige Anmarsch wird auf diese Weise elegant umgangen.

Die Erstbesteiger um den Briten Wager hatten 1935 diese Möglichkeit noch nicht. Sie mussten sich durch das Packeis an die Küste kämpfen, um dann vom Jakobsen-Fjord aus einen Zustieg zum Berg zu finden. Das Seehandbuch warnt vor der Ansteuerung des Fjordes – nicht nur wegen der Eisverhältnisse. Untiefen sollen vor der Einfahrt liegen, der Fjord selbst ist nicht vermessen. Aber wenn die Wager-Expedition einen Weg hinein gefunden hat, sollte uns das auch gelingen. Am 1. August 2014 passierten wir das schroffe Kap Irminger zu unserer Linken und steuerten vorsichtig in den Fjord hinein. Die Warnung des Seehandbuchs bezüglich der Untiefen im Fjordeingang stellte sich als unbegründet heraus. Nur in unmittelbarer Nähe zum Kap Irminger scheint es flach zu werden, ansonsten blieb das Echolot bei der 100-Meter-Marke beruhigend konstant stehen. Erst im Inneren des Fjordes wird es schnell flacher. Wir ankerten in Sichtweite des Schjelderup-Gletschers, benannt nach dem Kapitän des Schiffes, der Wager seinerzeit hier abgesetzt hat und offenbar der Erste war, der diesen Fjord befahren hat. Drei Crewmitglieder von uns, der chilenische Arzt und Bergsteiger Pablo Besser, Cristian Donoso, ebenfalls Chilene, sowie der Hamburger Kameramann Tim Frank, wollten die Besteigung im klassischen Expeditionsstil durchführen. Dazu hatten sie einen Monat Zeit. Erst am 18. August, nach 17 Tagen, erreichten die drei den Gipfel – an einem spektakulär schönen und sonnigen Tag. 30 Minuten blieben sie dort oben. 30 Minuten, die alle Mühen des Anstieges vergessen ließen. Die Gesichter, die die Gipfelfotos zeigen, strahlen vor Glück. Dann machten sie sich auf den Rückweg. 26 Tage brauchten sie insgesamt für den Hin- und Rückweg sowie die Besteigung des Berges. Alles, was sie während dieser Zeit zum Leben brauchten, zogen sie auf Pulkaschlitten hinter sich her und folgten dabei der Route der Erstbesteiger.

> Untiefen sollen vor der Einfahrt liegen, der Fjord selbst ist nicht vermessen.

▲ Die »Dagmar Aaen« liegt in dem wunderbar geschützten Naturhafen Jyttes Havn im Inneren des Scoresbysunds. Im Hintergrund die Berge, die den Öfjord flankieren.

Diese kombinierte Herangehensweise ist es, die mich an dieser Art zu reisen so sehr fasziniert: Mit einem Schiff von zu Hause aus nach Grönland zu segeln, gemeinsam den Stürmen zu trotzen, ein Gespür für die Distanzen zu gewinnen, die Ansteuerung an eine weitgehend unbekannte Küste, dann der Landfall. Schließlich das Absetzen der Landgruppe mit der gesamten erforderlichen Ausrüstung. Der Start zu einer einmonatigen autarken Bergexpedition, während das Schiff und seine Crew wiederum andere Aufgabe wahrzunehmen haben. Das hat sehr viel mit Eigenverantwortung und Respekt vor der Natur und voreinander zu tun. Es ist eine behutsame und intensive Annäherung zugleich, die sich nur in einem gut eingespielten Team realisieren lässt. So zu reisen ist in jeder Hinsicht anspruchsvoll – aber der Einsatz lohnt sich.

Die Blosseville Coast und einige ihrer Buchten und Fjorde machten auf uns einen geradezu gequälten Eindruck, als ob die Natur sie nicht wertschätzt. Die D'Aunay Bay bietet zwar einen guten Ankerplatz, dennoch fühlten wir uns irgendwie fehl am Platz. Keine Spur von Vegetation. Ist hier überhaupt schon mal jemand gewesen? Wenn, dann ist er sicher nicht lange geblieben. Während wir vor Anker lagen, tauchte plötzlich eine Eisbärenmutter mit einem Jungen auf. Immer wieder hob sie prüfend die Nase, bevor sie mit ihrem Zögling ins Wasser ging und auf uns zu schwamm. Wenig später folgte sogar noch eine weitere Bärin mit ihrem Nachwuchs. Sie nahmen direkten Kurs aufs Schiff, offenbar angelockt von den Gerüchen, die wir verströmten. Es sind harte Zeiten für Bären. Das Packeis vor der Küste, ihr Jagdrevier und mit ihm ihre Speisekammer, ist fort. Nur vom Eis aus können sie Robben fangen. Fasziniert betrachteten wir die Tiere, die sich unmittelbar am Schiff aufhielten. Als sie merkten, dass wir auf der Hut sind und nichts für sie zu holen war, schwammen sie weiter. Die kläglichen Rufe der offenbar hungrigen Jungbären begleiteten uns den ganzen Abend. Wenn sie nicht durch Zufall eine verendete Robbe oder einen toten Wal fänden, würden sie noch Wochen hungern müssen, bevor sich das Eis vor der Küste neu formierte. Ob sie diese Fastenzeit überstehen würden, war ungewiss. Immer häufiger treffen Expeditionen auf die Kadaver verhungerter Polarbären. Es sind bisweilen die scheinbar kleinen Indizien für den Klimawandel, die einem das daraus resultierende Drama vor Augen führen.

Scoresbysund, der größte Fjord der Welt, beginnt am Kap Brewster, das die südliche Begrenzung darstellt. Von dort bis zum nördlichen Fjordausgang, Kap Tobin, sind es 29 Kilometer. Was mag in dem Kopf des kühnen britischen Seefahrers und Walfängers William Scoresby vor sich gegangen sein, als er 1822 nach einer mühsamen und gefährlichen Eisfahrt die Packeisfelder des Ostgrönlandstromes durchquert hatte und in den später nach ihm benannten Fjord einfuhr? Mit einem schwerfälligen Schiff, ohne Maschinenantrieb, und ohne zu wissen, was ihn dort erwartete? Wenn auch Männer wie Scoresby dafür sorgten, dass die Großwale in der Arktis und Antarktis auf grausame Weise nahezu ausgerottet wurden, so muss man auf der anderen Seite ihre Seemannschaft und ihren Mut, in Regionen vorzustoßen, in denen niemand zuvor gewesen war, bewundern. William Scoresby war unter all diesen rauen Walfängerkapitänen zudem eine besondere Persönlichkeit. Bereits im zarten Alter von elf Jahren nahm ihn sein Vater, William Scoresby senior, auf eine erste Walfangreise mit. Danach musste der junge William wieder die Schulbank drücken. Bildung stand im Hause Scoresby an erster Stelle. Nach Abschluss der Schule heuerte William bei seinem Vater als Erster Offizier an. Auf einer dieser gemeinsamen Reisen erreichten sie den bis dahin nördlichsten Punkt mit 81°30'N. Im Winter, wenn die Walfangschiffe nach Hause zurückgekehrt waren und auflagen, besuchte William die Universität. Er studierte Philosophie und Chemie, später Meteorologie und Geschichte. Für einen Walfänger und Seemann war das ein völlig ungewöhnlicher Werdegang. Während die großen, staatlich subventionierten Forschungsexpedition mit viel Pathos und

▲▲▲ Eine der extrem seltenen Elfenbeinmöwen. Tim B. Frank hat sie auf dem Weg zum Gunnbjörnfjeld gesehen. Offenbar gibt es dort in der Nähe eine kleine Brutkolonie.

▲▲ Ein Eisbär schwimmt neugierig am Schiff vorbei.

▲ Volker Wenzel und Uli Weih nehmen ein kühles Bad im Scoresbysund.

▲▲ Im September 1997 bricht
sich die »Dagmar Aaen« eine
Rinne durch das Neueis, um ihren
Überwinterungsplatz in Amdrup
Havn aufzusuchen.

▲ Mitten im Winter muss
die Schiffscrew das meterdicke
Eis am Heck des Schiffes aufbrechen, um zu verhindern, dass
das Ruder Schaden durch den
Druck des Eises nimmt.

Brimborium auf den Weg geschickt wurden und dabei teilweise spektakulär scheiterten, arbeiteten Männer wie Scoresby im Stillen. Er kartografierte mit einer für damalige Verhältnisse unglaublichen Akkuratesse die Küste der von ihm aufgesuchten Inseln, untersuchte die Meereisbildung auf hoher See und veröffentlichte später seine Forschungen über den Erdmagnetismus. Auch im Alter sollte Bildung für ihn eine maßgebliche Rolle spielen. Nach seiner aktiven Laufbahn begann er an der Universität Cambridge ein Studium der Theologie. Ein wirklich bemerkenswerter Mann.

Der Scoresbysund ist insgesamt 350 Kilometer lang und weist eine größte Tiefe von fast 1500 Metern auf. Über 2000 Meter hohe Granitwände säumen seine Ufer, gelegentlich unterbrochen von Gletschern oder grünen Tälern und Buchten, in denen Moschusochsen weiden. Die Szenerie wirkt wie von einem anderen Stern. Grandios und atemberaubend schön. Die Umrundung von Milne Land, einer großen Insel im Inneren des Sundes, gehört zu den Highlights einer Grönlandreise. Dort, wo zwei Fjordarme sich treffen, mündet der Harefjord mit seinem Gletscher, über den wir 1983 nach unserer ersten Inlandeisdurchquerung abgestiegen sind. Irgendwo dort oben an der Seitenmoräne muss noch unser Schlitten stehen, den wir damals zurücklassen mussten. Eigenartig, nach so langer Zeit aus einer anderen Perspektive darauf zu blicken.

Und dann erst der Nordvestfjord, der sich tief ins Land hineinzieht. Nur selten wagt sich jemand so weit in das Fjordsystem.

Am nördlichen Eingang des Scoresbysundes liegt Ittoqqortoormiit, die einzige dauerhaft bewohnte Siedlung dieser Region mit etwa 470 Einwohnern. Die nächste Ortschaft im Süden wäre Tasiilaq. Im Norden gibt es außer einer Wetterstation und ein oder zwei Militärbasen überhaupt keine Siedlungen mehr. Würde man der grönländischen Ostküste weiter nach Norden folgen, müsste man schon die gesamte Nordspitze umrunden, um endlich in Siorapaluk an der Westküste auf die nächste grönländische Siedlung zu stoßen. Dazwischen – mehr als 2000 Kilometer – liegt nur Wildnis.

Am Kap Tobin, unweit von Ittoqqortoormiit, stehen ein paar vereinzelte Häuser, die meisten davon sind verfallen. 1997 waren wir mit der »Dagmar Aaen« unter sehr schwierigen Eisverhältnissen in den Fjord eingefahren und hatten schließlich das Schiff in dichten Eisfeldern unmittelbar vor der Siedlung eingeparkt. Der Besuch einer Yacht war zu dieser Zeit eine kleine Sensation. Ein- bis zweimal pro Jahr kam ein eisbrechendes Versorgungsschiff der Royal Arctic Line, um den erforderlichen Nachschub für die Menschen zu bringen. Ansonsten gab es nur den Helikopter, der zu einer Landepiste flog, die in einem benachbarten Seitenarm des Sundes lag und auf der einmal pro Woche ein kleines Propellerflugzeug aus Island landete. Sofern das Wetter es zuließ. In der Siedlung selbst gab und gibt es keine Rollbahn.

1997 waren wir gekommen, um zu bleiben. Zumindest für ein Jahr. Das Schiff sollte im Eis überwintern. In etwa vier Kilometern Entfernung von der Siedlung liegt Amdrup Havn, eine relativ geschützte Bucht, in der wir uns einfrieren lassen wollten. Die Genehmigung dazu hatten wir von den dänischen Behörden sowie dem Bürgermeister von Ittoqqortoormiit eingeholt. Letztere hätten wir nicht unbedingt benötigt, aber allein der Umstand, dass wir das Dorf um Erlaubnis gefragt haben, hat uns Türen geöffnet.

Wir hatten Erfahrungen mit dem Einwintern eines Schiffes unter arktischen Bedingungen. Bereits einige Jahre zuvor hatte die »Dagmar Aaen« ein Jahr lang auf dem sibirischen Fluss Jennissei überwintert – bei Temperaturen, die bis auf −60 °C fielen. Wir wussten also, worauf es ankam. Und dennoch ist jede Überwinterung anders. Beinahe wären wir bei einem fürchterlichen Orkan in unserer Bucht gestrandet, als die Trossen, die wir an Land ausgebracht hatten, dem Winddruck nicht standhielten. Konstante 100 Knoten Wind zeigte die Wetterstation an – weiter reichte die Skala nicht. Nachdem wir dieses Schicksal gerade noch einmal abwenden konnten, senkte sich die polare Nacht und mit ihr eine große Ruhe über das Schiff. Bewacht von drei Crewmitgliedern überstand das Schiff ohne größere Schäden den arktischen Winter, eingefroren in meterdickem Eis. Eine Lawine, die von einem nahe gelegenen Berg abging, hätte das Schiff fast verschüttet. Bis auf wenige Meter reichte der Lawinenkegel an das Heck der »Dagmar Aaen« heran. Wir hatten noch mal Glück gehabt. Mit einem so weitreichenden Lawinenabgang war an dieser Stelle schlichtweg nicht zu rechnen gewesen. Das Gewicht der Lawine drückte das gesamte Eis, in dem die »Dagmar Aaen« eingefroren war, nach unten, sodass der Rumpf plötzlich einer ungeheuren Spannung ausgesetzt war. Es half nichts. Mit nichts als Pickeln und Äxten

▲▲ Die »Dagmar Aaen« während der Polarnacht. Erst nach gut zwei Monaten steigt die Sonne hier wieder über den Horizont.

▲ Die Kinder aus dem nahe gelegenen Dorf kommen zu Besuch und stärken sich bei einer Portion Spaghetti an Bord für den Rückweg.

musste das knapp zwei Meter dicke Eis um das Schiff herum aufgehackt werden, damit das Schiff wieder in die Horizontale kommen konnte.

Auch wenn es genügend Aufgaben gibt – man hat jede Menge Zeit während des Winters, und die will irgendwie sinnvoll ausgefüllt werden. Neben dem täglichen Routinegang zum Eisberg, um Eis für die Frischwassergewinnung zu holen, gibt es diese immer wiederkehrenden Aufgaben: Die Öfen mussten gewartet werden, Tanks müssen umgepumpt und aufgefüllt, Technik überholt und kleinere Reparaturen durchgeführt werden. Außerdem müssen die Batterien entweder mittels Wind- oder Dieselgenerator geladen werden. Daneben bleibt viel Zeit zum Lesen, Schreiben oder Basteln. Oder für Ausflüge in die Umgebung. Selbst mitten in der polaren Nacht gibt es an klaren Tagen genügend Licht, um sich zu orientieren. Der Schnee reflektiert das Restlicht, sodass man in Vollmondnächten durchaus draußen eine Zeitung lesen könnte – wenn es denn eine gäbe. Die flammenden Polarlichter, die wie riesige Suchscheinwerfer wirken und die den nächtlichen Himmel ausleuchten, lassen einen andächtig mit dem Kopf in den Nacken gelegt staunen und innehalten. Nein, langweilig wurde es nicht. Man konnte Skilaufen und die Grönländer im Dorf besuchen. Die Begegnungen mit ihnen, die zunächst skeptisch waren, ob wir wohl dem polaren Winter standhalten konnten, verliefen anfangs ein wenig zaghaft und abwartend. »Kindermädchen« wollten sie für uns nicht spielen. Als sie merkten, dass wir sehr wohl auf uns aufpassen konnten und keinerlei Hilfe bedurften, entwickelte sich ein freundschaftliches und nachbarschaftliches Verhältnis. Auch so, unausgesprochen, passte man aufeinander auf. Das galt für beide Seiten. Die Kinder, die ohne Begleitung zu uns an Bord kamen, um eine heiße Schokolade zu trinken, wurden auf ihrem Rückmarsch genau von uns beobachtet, ob sie auch sicher wieder zu Hause ankamen. Die Eltern wussten das, so, wie wir auch beobachtet wurden. Diese gegenseitigen Besuche waren wie ein Ritual. Man erzählte, versuchte vorsichtig herauszuhören, wie es dem anderen ging. »Ist er okay? Leidet er unter winterlichen Depressionen? Nein, es scheint alles in Ordnung zu sein.« Es gab Kaffee, Tee und Kekse – niemals Alkohol. Gelegentlich landete der Hubschrauber unmittelbar neben dem Schiff um uns ein paar »frische Sachen« zu bringen. Der Pilot war auf »einen Kaffee« vorbeigekommen, einfach so – so etwas geht nur auf Grönland.

Und dennoch. Trotz aller Abwechslung schlägt das fehlende Tageslicht leicht aufs Gemüt. Man muss sich vor allen Dingen disziplinieren. Es ist letztlich egal, ob man morgens um acht Uhr aufsteht oder erst um zehn Uhr. Aber man muss es jeden Tag zur gleichen Zeit machen. Das Schlafbedürfnis steigert sich während der Dunkelheit. Dieses Hineindämmern in den nächsten Tag führt zu einer Lethargie, die schnell gefährlich werden kann. Der Tagesablauf muss geordnet sein, sozusagen als Leitplanke, an der man sich entlanghangelt. Selbst die Grönländer, die das eigentlich in den Genen haben müssten, sehnen nach Wochen der Dunkelheit wieder die Sonne herbei.

Im Frühjahr dann das erste zarte Licht am Horizont. Dann die Wiederkehr der Sonne, die sich anfangs nur für wenige Minuten zeigt. Es ist das Ereignis schlechthin. Wie ein Süchtiger steht man draußen und inhaliert förmlich das erste, zarte, pastellfarbene Licht. Sonnensüchtig! Die Schulkinder haben an diesem Tag frei, gemeinsam mit den Lehrern steigen sie auf eine Anhöhe, von wo aus man für wenige Minuten einen besseren Blick auf die glutrote Sonne erlangen kann. Jeder Tag schenkt einem ein wenig mehr Licht, verweilt die Sonne länger am Himmel, steigt sie höher und höher. Bis sie schließlich gar nicht mehr untergeht. Sonnenlicht rund um die Uhr – ein Luxus, den nur die Polarregionen kennen. Es ist wie ein Neubeginn. Der Zyklus des Lebens beginnt von vorn.

▶ Eines der wohl faszinierendsten Schauspiele während einer Überwinterung sind die flammenden Polarlichter. Ganz egal, wie oft man sie schon gesehen hat – sie ziehen einen jedes Mal von Neuem in ihren Bann.

Während unserer 60-tägigen Ski-
expedition nach Danmarkshavn im
Jahre 1998 müssen wir immer wieder offenem Wasser ausweichen.
Das gelingt nur, indem wir auf
den Eisfuß ausweichen – das ist
ein Balkon aus Eis, der an den
steilen Klippen festklebt. Einen
anderen Weg gibt es nicht.

Der Nationalpark

Sieht man einmal vom Schutzgebiet der Antarktis ab, ist der Nationalpark Ost-
grönland das größte Natur- und Biosphärenreservat der Welt. Unvorstellbare
972 000 Quadratkilometer umfasst es – das sind nahezu 45 Prozent der gesamten
Fläche Grönlands. Die Bevölkerungszahl im Park hingegen ist überschaubar: Ganzjährig
leben etwa 30 Menschen dort. Davon gehören zwölf Personen der dänischen Militäreinheit
Sirius Patrouille an, die in der Basis Daneborg residieren. Acht weitere Personen sind Mit-
arbeiter der zivilen Wetterstation Danmarkshavn. Noch weiter im Norden liegt der Militär-
flughafen Station Nord, der fünf permanente Bewohner aufweist. Mestersvig im Süden, ein
ehemaliger Flughafen, soll vermutlich stillgelegt werden. Von 1956 bis 1963 wurde dort
eine Blei- und Zinkmine betrieben, seither gab es immer wieder Gerüchte, die Bergbau-
aktivitäten neu zu beleben. Die strengen Nationalparkbestimmungen haben bisher offenbar alle entsprechenden Versuche scheitern las-
sen. Derzeit sind dort zwei Personen permanent
untergebracht, um die Landebahn sowie die
Gebäude zu unterhalten. Hinzu kommen noch
einige Wissenschaftler, die projektbezogen über
kürzere oder längere Zeiträume im Nationalpark leben und arbeiten. Lediglich während der
Sommermonate gibt es eine kleine Invasion an
Versorgungsschiffen und Flugzeugen, die Hand-

**Berg- oder Inlandeis-
expeditionen müssen auf
Grönland grundsätzlich
eine Genehmigung bean-
tragen.**

werker, Wissenschaftler und Militärpersonal anlanden. Für private Personen und Expeditionen ist der Zugang streng reglementiert. Berg- oder Inlandeisexpeditionen müssen auf
Grönland grundsätzlich eine Genehmigung beantragen und neben einer Anzahl anderer
Vorgaben eine SAR-Versicherung nachweisen. Diese Voraussetzungen sind nicht leicht zu
erfüllen, und entsprechende Versicherungen sind teuer. Für den Besuch des Nationalparks
ziehen die Anforderungen nochmals deutlich an. Damit baut man bewusst Hürden ein.
Man möchte nur solchen Menschen den Zutritt gewähren, die über umfassende Erfahrung
im polaren Bereich verfügen und auch die materiellen Voraussetzungen mitbringen, um
im Notfall die finanziellen Konsequenzen einer Evakuierung zu tragen. Diese Maßnahmen
sind verständlich, wenn man berücksichtigt, dass es in der Vergangenheit einige Expeditionen gegeben hat, die auf Staatskosten gerettet werden mussten.
Ich glaube allerdings, dass es da noch einen weiteren Grund gibt, der natürlich nicht
kommuniziert wird: Man möchte gern unter sich bleiben und bildet damit eine Art elitä-
ren Club. Zumeist sind es Dänen, die unterschiedlichen Beschäftigungen nachgehen, wie
etwa die Organisation Nanok, die sich zum Ziel gesetzt hat, die alten Jagdhütten wieder
instand zu setzen, um sie der Nachwelt zu erhalten. Das ist aus meiner Sicht eine großartige Initiative. Es sind alles Freiwillige, die ihre Arbeit über private Zuwendungen und

▲ Die Jagd auf Wale, hier Narwale,
gehört zum Leben der Polar-
völker dazu. Aus unserer heutigen
Sicht mag es grausam und über-
flüssig erscheinen, aber die
Grönländer essen die Tiere.
Nicht sie sind schuld am
Niedergang der Wale – das sind
die reichen Industrienationen.

Spenden finanzieren. Die andere Gruppierung sind Wissenschaftler, die meist während der Sommermonate Camps beziehen oder auch feste Forschungsstationen wie Zackenberg, die in der Nähe von Daneborg liegt.

Die dritte Gruppierung ist die Sirius Patrouille. Da sie eine militärische Einheit ist, gelten hier ohnehin strenge Richtlinien. Ein Besuch in der Station muss angemeldet und geneh- migt werden, was in der Regel aber nur eine Formalie ist. Wir sind zweimal in Daneborg gewesen und jedes Mal sehr freundlich aufgenommen worden.

Die Sirius Patrouille ist ein Relikt aus dem Zweiten Weltkrieg. Die Deutsche Wehrmacht hatte während des Krieges in der Arktis geheime Wetterstationen installiert, um Wetter- informationen an die in ihren Basen wartenden Bomberstaffeln zu funken. Bei günstigen Bedingungen griffen diese dann die Geleitzüge an. Das stellte eine akute Gefährdung der Schiffskonvois dar. Die Alliierten peilten die geheimen Funksprüche an, und meistens dau- erte es nicht lange, bis die Stationen aufgebracht wurden – nur um an anderer Stelle in einer Nacht-und-Nebel-Aktion neu errichtet zu werden. Die Hundeschlittenstaffel Sirius Patrouille sollte die unzugänglichen Küsten Ostgrönlands überwachen, um entsprechen- de Aktivitäten der Deutschen frühzeitig aufzuspüren. Damals nannte sich die Patrouille noch Nordostgrönlands Schlittenpatrouille. Die Ursprünge dieser Einheit reichen sogar noch weiter zurück. Anfangs war es nämlich Norwegen, das diesen Teil Grönlands für sich beanspruchte. In den Zwanziger- und Dreißigerjahren des 20. Jahrhunderts hatten nor- wegische Jäger entlang der Fjorde Ostgrönlands Hütten errichtet, um auf Pelztierfang zu gehen. Es muss ein durch und durch archaisches und denkbar primitives Leben gewesen sein, das diese Jäger ohne Kontakt zur Außenwelt führten. Wenn das Eis es zuließ, kam einmal im Jahr ein eisgängiger Kutter, der die Felle abholte, neue Lebensmittel und Kohle zum Heizen brachte und eventuell den einen oder anderen Jäger zurück mit in die Heimat nahm. Wenn er kam! Das Eis war in einigen Jahren so dicht, dass an ein Durchkommen nicht zu denken war. Dann mussten die Männer mit dem Wenigen, was ihnen zur Ver- fügung stand, ohne weiteren Nachschub auskommen. Wer von ihnen krank wurde oder sich ernsthaft verletzte, hatte Pech. Entweder wurde er aus eigenen Kräften gesund –

oder er starb. Noch heute findet man entlang der Fjorde und Küsten Nordostgrönlands die alten, verfallenen Hütten. Einige von ihnen sind dank der Initiative der Organisation Nanok liebevoll wieder restauriert und in den Originalzustand versetzt worden. Seit ihrer Gründung im Jahre 1992 hat die private Organisation mehr als 50 alte Jagdhütten restauriert sowie eine umfassende Dokumentation der einzelnen Hütten, deren früherer Bewohner und insgesamt über die Ära der Fänger verfasst. Bei dieser Anzahl Hütten ist es durchaus nachvollziehbar, dass Norwegen Anspruch auf den Küstenstreifen erhob. Der Streit mit Dänemark eskalierte auf politischer Ebene, und so rief man schließlich 1933 den Ständigen Internationalen Gerichtshof an. Dieser bestätigte zum Ärger der Norweger den dänischen Anspruch, verband diesen allerdings mit der Auflage, fortan auch Präsenz zu steigen. Daraus entstand die besagte Hundeschlitten-Patrouille.

Heute braucht aus militärischen Gründen kein Mensch mehr eine Hundeschlitten-Patrouille. Und so hat man der Einheit neue Aufgabenbereiche zugewiesen, wie etwa die Kontrolle über den Nationalpark bzw. die Einhaltung der strengen Richtlinien. Das treibt bisweilen kuriose Blüten:

> ## Heute braucht aus militärischen Gründen kein Mensch mehr eine Hundeschlitten-Patrouille.

Als wir 1998 eine 60-tägige Skiexpedition vom Scoresbysund bis zur rund 800 Kilometer entfernten Wetterstation Danmarkshavn unternahmen, trafen wir zufällig auf eine Schlittenpatrouille. Die beiden jungen Männer waren genauso überrascht wie wir über dieses Treffen und freuten sich über diese Begegnung. Da unsere Expedition das Genehmigungsprozedere durchlaufen hatte und wir zudem die einzige private Expedition waren, die zu diesem Zeitpunkt im Nationalpark unterwegs war, wussten die beiden Soldaten natürlich genau über uns Bescheid. Auch dass wir alle Genehmigungen hatten, war klar. Dennoch mussten wir unsere offizielle Expeditionsgenehmigung aus den Tiefen unseres Pulkaschlittens hervorkramen und vorzeigen. Eigentlich total unnötig, aber so rechtfertigt man auch vor dem dänischen Steuerzahler die kostspielige Präsenz. Was der Unterhalt der Patrouille insgesamt tatsächlich kostet, bleibt ein gut gehütetes Geheimnis.

▲ Das »Teufelsschloss« nannte Carl Koldewey dieses Bergmassiv im Nationalpark Ostgrönland. Ihm schien es eine uneinnehmbare Bastion zu sein.

▲ Weit im Norden setzen wir auf einer Eisscholle eine Driftboje aus. Die Boje sitzt auf einem Tisch, von dem sie frei aufschwimmen kann, wenn das Eis zerbrechen sollte. Täglich funkt sie über Satellit ihre Position zu uns. Auf diese Weise kann die genaue Driftrichtung und Geschwindigkeit dokumentiert werden.

Was in Deutschland heute kaum jemand weiß: Die ersten Europäer, die das heutige Gebiet des Nationalparks erforschten, waren Deutsche. Im Rahmen der »1. Deutschen Nordpol Expedition« unternahm Kapitän Carl Koldewey 1868 mit dem Segelschiff »Grönland« den Versuch, die Küste zu erreichen. Die »Grönland« gibt es noch heute – sie gehört dem Deutschen Schifffahrtsmuseum Bremerhaven und befindet sich optisch nahezu in dem gleichen Zustand wie 1868. Koldewey scheiterte seinerzeit am Ostgrönlandstrom, der so mächtige Packeisfelder vor die Küste geschoben hatte, dass es trotz seiner engagierten Versuche unmöglich war, den Eisgürtel zu durchdringen. Koldewey segelte daraufhin nach Spitzbergen, führte dort Vermessungsarbeiten durch und kehrte noch im selben Jahr mit der gesamten Mannschaft zurück nach Bremerhaven. Die Mär vom offenen Polarmeer, die damals von einigen renommierten Wissenschaftlern – allen voran der deutsche Geograf August Petermann – propagiert wurde, schien dem Praktiker Koldewey schon damals reines Wunschdenken. Der Zugang zu dem Polarmeer sollte ausgerechnet entlang der unzugänglichen Küste Ostgrönlands liegen. Koldewey hatte auf der »Grönland« die zerstörerische

Macht der Packeisfelder erfahren müssen. Auch die Walfänger schüttelten über diese Theorie ungläubig den Kopf. Das beeindruckte die Anhänger von Petermann allerdings nicht im Geringsten. Ein Jahr später war Koldewey mit zwei größeren Schiffen zurück. Mit der »Hansa« und der »Germania« sollte er im Auftrag August Petermanns erneut versuchen, die Küste zu erreichen und von dort aus Richtung Norden ins offene Polarmeer zu segeln. Koldewey gab sein Bestes. Aber auch dieses Mal war das Eis übermächtig. Der »Hansa« wurde es zum Verhängnis. Unweit des Scoresbysundes wurde sie vom Eis zerdrückt und sank. Ihr Kapitän, Friedrich Hegemann, ließ auf einer Eisscholle aus den Wrackresten des Schiffes und aus Briketts ein Winterhaus bauen und trieb mit seiner Mannschaft 200 Tage lang mit dem Eis bis an die Südspitze Grönlands. Dort konnten sie sich schließlich aufgrund einer glücklichen Fügung an Land retten und Zuflucht bei einer Missionsstation finden. Wie durch ein Wunder haben alle überlebt. Diese Odyssee ist einer der dramatischsten Rettungsversuche, die es je in der Polargeschichte gab, und der Eisdrift der Mannschaft der »Polaris« 1873 an der Westküste Grönlands sehr ähnlich.

Der »Germania« gelang es im Gegensatz zur »Hansa«, dank ihrer Dampfmaschine unbeschadet durch den Packeisgürtel zu brechen. Als erstes Schiff überhaupt erreichte sie die Küste und die Fjorde Nordostgrönlands. Da die Fjorde während des Sommers weitgehend eisfrei waren, konnte sich Koldewey relativ frei bewegen. Er nutzte diese Gelegenheit, um eine genaue Vermessung dieser unbekannten Küste durchzuführen. Der Österreicher Julius Payer bestieg und vermaß Berggipfel, während Koldewey die Küste kartografierte. Es waren hochalpine Unternehmungen, die Payer durchführte, unter anderem bestieg er die nach ihm benannte Payer Tinde mit 2100 Metern. Die Namen, die Koldewey und Payer den Bergen und Fjorden gaben, finden sich noch heute auf der Landkarte: Kaiser-Franz-Joseph-Fjord, das Teufelsschloss, Germania Havn, Kap Bismarck und viele andere.

Als der Winter nahte, ließ Koldewey die »Germania« bei der Sabine-Insel einfrieren und bereitete Schiff und Mannschaft auf die Überwinterung vor. Da die primäre Zielsetzung der Expedition darin bestand, den Weg zum offenen Polarmeer zu finden, machte er sich am 28. März 1870 mit einigen Männern zu Fuß auf den Weg nach Norden. Er selbst glaubte schon lange nicht mehr an das Märchen vom offenen Meer im Norden. Dennoch wollte er seinen Auftrag erfül-

Während unserer Skiexpedition 1998 folgten wir in großen Teilen der Route Koldeweys.

len. Die Leistung der Männer ist gar nicht hoch genug zu bewerten. Mit schweren Holzschlitten, bei bitterer Kälte, ohne Skiausrüstung sowie mit mangelhafter Ausrüstung und viel zu wenig Nahrungsmitteln kämpften sie sich 23 Tage nach Norden. Am 77. Breitengrad stoppten sie. Koldewey hatte endgültig erkannt, dass Petermanns Vorstellungen vom offenen Polarmeer reinem Wunschdenken entsprachen. Petermann selbst war übrigens im Laufe seines Lebens zu keinem Zeitpunkt auch nur in die Nähe des Polarkreises gelangt – geschweige denn an die Küste Grönlands. Seine Theorie basierte auf rein theoretischen Betrachtungen.

Nachdem Koldewey von einem Berg aus nach Norden geblickt und nur Eisfelder entdeckt hatte, kehrte er um. Im gleichen Jahr brachte er die »Germania« sicher durch den Eisgürtel ins offene Wasser und einige Wochen später zurück nach Bremerhaven. Im Gepäck: jede Menge wissenschaftliche Daten und die Vermessungsunterlagen einer bis dahin völlig unbekannten Küste.

Während unserer Skiexpedition 1998 folgten wir in großen Teilen der Route Koldeweys. Am nördlichsten Punkt seiner Expedition steht heute die Wetterstation Danmarkshavn. Für die 800 Kilometer hatten wir von der im Scoresbysund eingefrorenen »Dagmar Aaen« bis nach Danmarkshavn 60 Tage gebraucht. Das war mehr als die doppelte Distanz, die Koldewey damals laufen musste, aber dafür hatten wir moderne Ausrüstung und reichlich Proviant und Brennstoff zum Kochen. Für uns war es eine grandiose Wanderung, eine der schönsten Skitouren, die ich je gemacht habe. Für Koldewey und seine Männer war es ein steter Überlebenskampf, den sie nur knapp zu ihren Gunsten entscheiden konnten. Polarexpeditionen bergen Risiken und Unannehmlichkeiten. Trotzdem können die Menschen offensichtlich nicht davon lassen – nicht wenige sind ständige »Wiederholungstäter«. Warum? Was macht die Faszination aus? »Einmal frieren muss doch reichen«, bekomme ich immer wieder zu hören. Warum reden selbst Reisende, die nur mit knapper Not einer Katastrophe entgangen sind, geradezu schwärmerisch von den Schönheiten dieser Landschaften? Worin besteht die Anziehungskraft, die die Hohen Breiten auf den Reisenden ausüben? Warum zieht es Menschen immer wieder dorthin zurück – trotz aller offenkundigen Gefahren und Unbequemlichkeiten?

Christiane Ritter, die 1934 zusammen mit ihrem Mann in einer völlig abgelegenen Jagdhütte im Norden Spitzbergens überwintert hatte, schrieb später in ihrem Buch »Eine Frau erlebt die Polarnacht«:

»Nein, die Arktis gibt ihr Geheimnis nicht her für den Preis einer Schiffskarte. Man muss hindurchgegangen sein durch die lange Nacht, durch die Stürme und die Zertrümmerung der menschlichen Selbstherrlichkeit. Man muss in das Totsein aller Dinge geblickt haben, um ihre Lebendigkeit zu erleben. In der Wiederkehr des Lichtes, im Zauber des Eises, im Lebensrhythmus der in der Wildnis belauschten Tiere, in der ganzen hier unverhüllt in Erscheinung tretenden Gesetzmäßigkeit alles Seins liegt das Geheimnis der Arktis und die gewaltige Schönheit ihrer Länder.«

Das ist für mich einer der zentralen Punkte, wodurch sich die Polarregionen von anderen Klimazonen und Landschaften unterscheiden. Dem Außenstehenden fehlt die Vorstellungskraft, worin die Faszination dieser Landschaften bestehen könnte und was sie vor allen Dingen mit dem Menschen macht. Man muss sich, wie Christiane Ritter schreibt, den spirituellen Zugang zur Arktis erarbeiten. Das ist mühsam, anstrengend, bisweilen gefährlich und meistens entbehrungsreich. Aber es ist nicht nur die Voraussetzung – es lohnt sich. Wer fragt, warum man solche Bürden auf sich nimmt, wird es nie verstehen. Er muss sich schon selbst in Bewegung setzen – dann, und nur dann, wird er verstehen. Erklärungen bewirken da wenig.

Für mich haben Schnee, Eis und Kälte längst ihre Schrecken verloren.

Für mich haben Schnee, Eis und Kälte längst ihre Schrecken verloren. Ich kenne die Spielregeln der Natur. Der gelebte Minimalismus in einem kleinen, windumtosten Zelt auf eisigem Untergrund, ein fauchender Benzinkocher, darauf ein Topf mit gefriergetrockneten Fertiggerichten – ich finde es wunderbar. Die Dusche, die Cocktailbar, die heimelige Gemütlichkeit? Geschenkt! Nichts von alledem brauche ich, wenn ich unterwegs bin. Nirgendwo höre, sehe und rieche ich so intensiv wie auf den Meeren dieser Welt oder in den Polarregionen. Die Empfindung für das Detail, für die Nuancen füllt die Sinne und die Begehrlichkeiten aus. Wie Knud Rasmussen, der große grönländische Polarforscher, einmal sagte: »Gib mir Schnee, gib mir Hunde – den Rest kannst du behalten!«

Der Nationalpark ist aber nicht nur im Winter ein Ort des Innehaltens. Dreimal bin ich bisher im Park gewesen. Zweimal mit der »Dagmar Aaen« im Sommer und einmal im Winter. Egal zu welcher Jahreszeit – das Naturerlebnis ist überwältigend. Man kann die Grönländer und die Dänen zur Errichtung dieses Parks nur beglückwünschen. Und mag sich der eine oder andere auch über die restriktiven Bestimmungen ärgern – sie sind sinnvoll und dienen dem Schutz einer der wenigen wirklich naturbelassenen Wildnisse unseres Erdballs.

▶ Auf der Ella-Insel im Nationalpark steht die Hütte des dänischen Forschers Lauge Koch. »Adlernest« hat er sie getauft. Ein Blick aus dem Fenster lässt keine Fragen offen. Heute gibt es dort zudem eine Sommerstation der Sirius Patrouille.

Die Jugendlichen des I.C.E-Um-
weltcamps an Bord der »Dagmar
Aaen« im isländischen Húsavík.
Ganz rechts im Bild steht Peter
aus Qaanaaq, die Fünfte von links,
untere Reihe mit der Sonnenbrille,
ist Katherine.

DAGMAR AAEN

Quo vadis, Grönland?

Grönland bleibt mein Sehnsuchtsland – auch nach 36 Jahren. Je intensiver ich mich mit der Insel, den Menschen und deren Geschichte beschäftige, desto mehr nimmt mich Grönland gefangen. Ich habe das Gefühl, noch längst nicht alles von der Insel gesehen zu haben. Wie sollte ich auch, bei diesen Dimensionen? Mein persönlicher Fokus lag immer auf den Naturlandschaften sowie den kleinen Siedlungen, die Grönland meiner Meinung nach viel besser repräsentieren als die Hauptstadt Nuuk oder das schöne Ilulissat. Gleichwohl gehört beides zusammen. Ohne eine Hauptstadt Nuuk oder Ilulissat ist das zeitgemäße und moderne Grönland nicht denkbar. Die Zukunft einer Nation darf man nicht sich selbst überlassen, sondern man muss sie möglich machen. Das bedeutet, rechtzeitig Weichenstellungen zu treffen.

Vielleicht passt auf Grönland der Vergleich mit einem riesigen Schiff, das von einer in Bezug auf die Schiffsgröße kleinen Mannschaft durch stürmische Gewässer gesteuert wird. Ein Navigationsfehler würde gravierende Schäden nach sich ziehen, aber bei verantwortungsvoller und kompetenter Schiffsführung wird man sichere Gewässer erreichen. Das aber wird nur mit gut ausgebildeten Menschen gelingen, die bedachtsam und erfahren sind.

Den alten Zeiten nachzutrauern mag das Privileg des Außenstehenden sein. Das romantisch verbrämte Bild von den glücklichen Polarvölkern wird weder dem harten und entbehrungsreichen Leben gerecht, das sie über Generationen hindurch geführt haben, noch spiegelt es die Wünsche und Sehnsüchte der heutigen Generation wider. Die meisten jungen Grönländer möchten nicht mehr in kleinen, von der Außenwelt abgeschnittenen Dörfern leben, fernab von der Vielfältigkeit und den Verlockungen, die ihnen das Fernsehen und das Internet in unwiderstehlicher Art präsentieren. Langeweile und Beutelklos sind out. Das moderne Zeitalter macht auch vor den kleinsten Dörfern nicht halt.

Zu einem internationalen Jugendcamp, das wir seit vielen Jahren veranstalten und das unter dem Titel »Ice-Climate-Education« und damit für Jugend und Umwelt steht, haben wir vor einigen Jahren auch zwei Jugendliche aus Qaanaaq eingeladen: Katherine und Peter. Das Camp fand auf Island statt, und neben den beiden Grönländern nahmen Jugendliche aus acht verschiedenen Nationen teil – alle zwischen 16 und 19 Jahre alt.

◀ Symbolisch balancieren die Jugendlichen eine Erdkugel auf den Fingerspitzen. Darum geht es – um die Bewahrung der Schöpfung.

Während Katherine bereits in Kopenhagen gewesen war und das urbane Leben kannte, war es für Peter das erste Mal, dass er grönländischen Boden verlassen hatte. Prompt bekam er Heimweh. Ich gab ihm daraufhin mein Handy, damit er zu Hause anrufen konnte. Danach war er wie ausgewechselt. Alle zwei Tage rief er zu Hause an, um die Verbindung aufrecht-zuerhalten und genoss ansonsten das Programm des Jugendprojektes in vollen Zügen. Katherine hatte bereits ihr eigenes Smartphone, surfte im Internet und wurde nie müde zu betonen, dass sie sobald wie möglich Qaanaaq verlassen würde, um in Kopenhagen – nicht Nuuk – zu leben. Peter hingegen betonte stets, dass er unbedingt in Qaanaaq blei-ben wolle. Beide waren zu diesem Zeitpunkt erst 16 Jahre alt, und ihr Leben wird sicher noch die eine oder andere Wendung erfahren. Aber beide haben dieses erklärte Ziel fürs Erste umgesetzt.

Als wir später im Sommer 2009 mit der »Dagmar Aaen« in Qaanaaq vor Anker gingen, stand Peter am Strand, bekleidet mit der Fleecejacke, die jeder Jugendliche des Jugend-camps erhalten hatte, und nahm uns freudig in Empfang. Er durchlief gerade eine Ausbil-dung im örtlichen Pilersuisoq-Supermarkt. An den Wochenenden ging er mit seinem Vater zum Fischen oder zum Jagen und bekräftigte nochmals seinen Wunsch, sein Leben in Qaanaaq mit seiner Familie zu verbringen. Eine klare Perspektive. Als wir ihn 2012 erneut trafen, war er, wie er uns stolz erzählte, inzwischen selbst schon Vater geworden. Es ist durchaus normal, dass Grönländer in sehr jungen Jahren eine Familie gründen. An seiner Lebensplanung hatte sich zwischenzeitlich nichts geändert.

Von Katherine haben wir nichts mehr gehört, außer dass sie nach Kopenhagen zu einer weiterführenden Schule und vermutlich zur Uni gegangen ist. So unterschiedlich wie die-se beiden Jugendlichen waren, so vielseitig ist Grönland. Ich glaube, Grönland braucht beide Spezies von Menschen – die quirlige Katherine und den eher bodenständigen Peter. Junge, gut ausgebildete Frauen wie Katherine werden das Land in eine neue Zeit führen und frische Impulse setzen. Junge Männer wie Peter werden hoffentlich das erforderliche Gegengewicht darstellen, um eine Balance herzustellen zwischen Traditionen und der Mo-derne. Die Identität eines Volkes besteht aus beidem: dem Verständnis für die eigene Kul-turgeschichte und einer gewissen Form der Heimatverbundenheit, wie auch dem Wunsch,

▲ Wenn sich die eigenen Spuren kreu-zen, ist es bisweilen ein eigenartiges Gefühl: In einer abgelegenen Fänger-hütte im Nationalpark hatten wir bei unserem ersten Besuch 2006 einen Eintrag vorgenommen. 2011 statten wir der gleichen Hütte erneut einen Besuch ab.

das Land in eine neue Zukunft zu führen. Ich hoffe sehr, dass zwischen diesen beiden Seiten ein Gleichgewicht entsteht. Die Wertschätzung, die die alten Grönländer trotz aller Härten für ihr Land und ihr einfaches Leben verspüren, darf nicht verloren gehen. Dieses Gespür sollte sich auf diejenigen übertragen, die verantwortungsvoll die politischen und wirtschaftlichen Geschicke des Landes steuern. Das ist das Vermächtnis der Polareskimos, die allen Widrigkeiten zum Trotz die Insel bevölkert haben.

Ist das der Wunschtraum eines realitätsfremden Idealisten? Ich glaube nicht. Auch die modernen Grönländer haben verstanden, dass ihr Kapital in einer grandiosen Natur besteht, die unzählige Touristen anzieht und damit Geld in die Kassen spült. Der gewissenhafte Umgang mit den Naturressourcen sollte im eigenen Interesse des Landes im Vordergrund stehen. Und viele Grönländer haben auch längst erkannt, dass die Glitzerwelt des Internets und die Verlockungen der westlichen Zivilisationen durchaus kritisch zu betrachten sind. Einige der kleinen Siedlungen werden vermutlich in naher Zukunft verlassen sein und verfallen. Entweder weil der Letzte der Alten gestorben ist, oder weil die kostspielige Versorgung von der Regierung eingestellt wird. Siorapaluk wird irgendwann vermutlich das gleiche Schicksal erleiden wie Etah oder die noch nördlicher gelegenen und schon früher aufgegebenen Dörfer. Das mag man beklagen, aber es ist der Lauf der Dinge. Umso wichtiger ist es, dass man sich der Geschichte und der Menschen, die dieses Land geprägt haben, erinnert.

Ich werde ganz sicher wieder nach Siorapaluk zu Ikuo und Qidlugtooq oder zu Hans Jensen und Navarana in Qaanaaq und all den anderen, die wir kennengelernt haben, reisen. Im Sommer oder im Winter – egal. Es ist zu jeder Jahreszeit schön. Und dann fehlt mir noch der nördliche Teil Grönlands, dieses riesengroße Gebiet, das sich zwischen der Wetterstation Danmarkshavn und dem Washington Land erstreckt und das bis heute im wahrsten Wortsinn fast als »weißer Fleck« bezeichnet werden kann, so wenig ist es erforscht. Diese Region möchte ich unbedingt sehen. Ich weiß noch nicht, wie und wann – aber solcherart sind die Träume, die mich seit meiner Kindheit begleiten und antreiben. Träume sind der Treibsatz, aus dem etwas Neues entsteht. In diesem Fall hoffentlich eine weitere Expedition in den Norden Grönlands.

▲ Träge wie Öl liegt die See. Die niedrig stehende Sonne verliert zunehmend an Kraft. Es wird kalt, schon bilden sich erste Eiskristalle im Meerwasser.